「いとこ会」やってますか？

―「いとこ会」のつくり方と運営法―

渡辺家系いとこ会＝編

まえがき

「いとこ」――この言葉を聞いたり目にしたとき、あなたはどんな感慨を持つでしょうか。「いとこ」とは血縁的には片方の親同士は兄弟姉妹で、同じ祖父母を持ちます（異父・異母という例外もあるでしょうが）。この係累から、「いとこ」とは心理的に兄弟姉妹よりも遠く他人よりも近い存在、友達以上・兄弟未満という人間関係が浮かびます。

しかし、日常の接触となると、親戚の法事や祝い事で会うだけというのが一般的ではないでしょうか。せっかく「縁」があってつながったいとこ同士だから、もっと互いの存在を確かめ合う機会や企画があってもいいのではないかということで、いわゆる「いとこ会」なるものをつくりたいという要望が少なからずあります。

私自身、十年前にいとこたちと「いとこ会」をつくって楽しく交流しています。このことを知った方たち、又聞きで耳にした方たちから、そのつくり方、途中で挫折しない方法、催しの企画など、お問い合わせが結構寄せられました。

現在、巷には実にさまざまな会やグループができては、いつの間にか消滅したり分裂しています。もちろん、回を重ねるたびに盛況の会合も少なくありません。これらの成否は結成の動機づけやタイムリーな企画の有無、幹事やメンバーの献身的努力がものを言います。

では「いとこ会」はどうあるべきかということになると、いとこに焦点を絞った参考図書は皆無といえるでしょう。本書が最初といえるのではないでしょうか。お読みになって、結成や運営、進行のお役に立てば望外の幸せと存じます。

本書は第一章、第二章で、いとこの価値や意味、存在感を述べました。

第三章はいとこ会のつくり方、実際の進行の心得など、主に発起人や幹事、世話役の方々のお役に立つための章です。

第四章には会合が開かれたとき、それぞれのいとこがメンバーの一員として振舞っていただきたいことを述べてあります。

第五章は私たちのいとこ会の開催風景ともいうべきルポです。いとこ会についてお問い合わせがあったとき、実際の模様を知りたいという要望が多いので、ここに数葉の写真とともに一章を設けました。

本書の中でいろいろな方たちの貴重なご意見をいただきました。お名前を記して（実名を遠慮された方は仮名）心よりお礼申しあげます。

本書が生まれた動機や理由は三つあります。

まえがき

一つは、私は長年、官公庁・団体等の講師として、能力開発・マネージメント・リーダーシップ・コミュニケーション等の研修や通信教育に携わってきました。その折、プライベートな会合についても質問が寄せられたことが少なくありません。いとこについての相談もありました。いずれこの方面の図書の執筆も……と考えてはいました。

二つ目は、十年前に私より十歳も若いいとこを病気で失ったことです。正直言って、親より先に逝くという事実に大きなショックを受けました。それ以後、時折、いとこについていろいろな角度から私なりに考えてきました。

三つ目は、平成七年に私たちのいとこ会が生まれ、今秋に第三回目の会合が開かれることになりました。前二回とも盛会で、この模様を知った人たちから結構羨望されました。

では、これらを基にして、いとこ(いとこ会)についての図書を世に問うてみようということで本書が生まれました。こういう関係から編者名は私の属する「渡辺家系いとこ会」にしましたが、文責は執筆者の私、坂川《さかがわ》山輝夫《さきお》にあることを付記しておきます。

平成十六年八月

渡辺家系いとこ会　坂川山輝夫

目次

目次

第1章

親子タテ、兄弟ヨコ、いとこはナナメ関係

1　「親子丼」「兄弟丼」そして「いとこ煮」――料理の因果関係

充足感のある丼物

いきなり最初から食べ物の話で恐縮ですが、あなたは「丼物」は好きでしょうか。丼物とは丼に盛ったご飯の上に具をのせた料理のことをいいます。昔から今に至るまで日本人にはやはりご飯！　というスタイルが、食生活には切っても切れない関係にあるようです。

茶碗より大きい丼にご飯を入れ、その上にさまざまな具をのせます。主食（ご飯）とおかず（具）が一体となっているので、その気になればどんな具でも「丼物」にすることができます。

丼物はご飯に具をのせた簡便な食べ物ですが、味や栄養、彩りの工夫で応用範囲が無限に広がる食べ物といっていいでしょう。どんな年齢層にもなじむ料理といえるのではないでしょうか。逆に言えば、どんな食材でも工夫次第で丼物にできるということです。

ざっとそのメニューをあげるなら、親子丼、たまご丼、カツ丼、ひれカツ丼、天丼、天とじ丼、えび天丼、かき揚げ丼、天玉丼、深川丼、牛丼、豚丼、中華丼、焼き鳥丼、海鮮ちらし丼、きじ焼き丼、きのこ丼、いかうに丼、かに玉丼、うな丼……。

そもそも、と開き直るわけではないのですが、丼物のルーツは室町時代の上流階級が器に盛ったご飯の上に様々な煮物をのせて、ご飯を見えなくして肩を凝らせず気楽に食べることを思いついたホウハン（芳飯、あるいは法飯）にあるといわれています。

私たち現代人もうな重や天重などを目の前にすると、なにか畏まってしまいますが、丼物はご飯と具が一体化していて、しかも汁がご飯に染みているので、「さあ、いつでもどうぞ」と呼びかけてくれているようです。そこで気取らず気軽に〝かっ込む（搔き込む）〟ことができます。丼の醍醐味といえましょう。

私は今まで各企業や官公庁の研修、講師として日本中を飛び回るのが仕事でした。講演時間が切迫しているときや、昼食を済ませてから研修会場に到着するときは、空港や駅構内のレストラン、駅前の繁華街の和食堂ではほとんど丼物を注文しました。肩を凝らせず気軽に済ませたいからです。あるいは仕事が終わってホテルで独り夜食をとるときは、こちらでも丼物を注文したものです。各地方でその土地の名産を巧みに丼に仕上げたこだわりを味わいたいからです。

ただし、主催者や受講者有志との会食や接待では、先方のお膳立てにしたがって、宴会料理や会席料理をいただくことは言うまでもありません。「先生のお好みは？」と聞かれて、「丼物をお願いします」とは、いくらなんでもリクエストできません。

親子・兄弟・親戚・いとこにもあった丼物――このデリケートな命名の妙

ところで、もっともポピュラーで代表的な丼に「親子丼」があります。すでにご存知のように、親子丼は鶏肉と鶏卵をミツバなどと合わせ煮たものを、丼に盛られたご飯にかけた料理です。

では「他人丼」をご存知の方も多いでしょう。鶏＋卵＝親子丼。鶏以外の肉（牛や豚）＋卵＝他人丼という図式になります。他人丼も捨てがたい味です。

親子丼とくれば次は当然、他人よりも血の濃い兄弟にあやかった「兄弟丼」がなければ不公平です。ありましたよ、兄弟丼が。鰻《うなぎ》とどじょうの卵とじを丼のご飯にのせたものです。鰻とどじょうを兄弟に見立てたのでしょう。それだったら鰻と穴子《あなご》のほうがよく合っていると思うのですが。

「親戚丼」もあります。材料は卵、海老《えび》、シーチキンです。シーチキンは一応チキンという名前がついているので卵の親。また海老とシーチキンは海産物同士なので、この三つは遠い親戚ということなのでしょう。何か苦しい弁明というか、こじつけというか……。それでも、あくまでこの三点にこだわった料理人に脱帽です。

親戚（親類）とは伯父、伯母、叔父、叔母などの血縁、さらに縁組でつながった人との関係です。（本書では伯父、伯母、叔父、叔母を伯父～叔母であらわします。）

丼物に親子・兄弟・親戚と血縁が続けば、全くの赤の他人の間に介在するのは「いとこ」でなければなりません。「いとこ丼」というのは聞いたことはありませんが、「いとこ煮」がありました。ご存知でしたか。

「いとこ煮」とは、かぼちゃ、あずき、ごぼう、芋、栗、大根、豆腐などの煮物で、神仏への供物を集めて煮た行事食が始まりとのことです。

ある説では親鸞聖人の遺徳を慕った人びとが聖人の命日に、師の好きなものを祭壇に捧げたとか。それを名づけて「遺徳煮」つまり「いとく煮」。それがいつの間にか「いとこ煮」になったとか……。

それよりも材料を硬い順においおい（甥々）に、めいめい（姪々）に入れて煮るという語呂合わせが名前の由来とも言われています。なかには、かぼちゃとあずきの味が似ているから名づけられたとも言われます。とくにこの両者はビタミンやカロチンが豊富で、胃腸の働きを整えると同時に利尿効果や疲労回復に効果的なので、一緒に摂ることの効用を、人間社会のいとこ同士の存在価値や連帯性といったものに結びつけ、暗示したのではないでしょうか。

数え切れないほどの食材をその味と特徴を考えて巧みに料理し、その組み合わせを人間同士の血縁関係で親子丼、兄弟丼、親戚丼、いとこ煮などとネーミングする先人の工夫と知恵に頭が下がります。とくに「いとこ煮」とはよくぞ名づけたものです。

2　縁あって「いとこ」

いとこの続柄

あなたが友人・知人・職場の同僚や先輩・後輩、あるいは仕事関係先の人、隣り近所の人から、何かの話のついでに「あなたの〝いとこ〟さんたちはどうされていますか？」と聞かれたとき、その意を測りかねて如才なく「ええ、元気でやっていますよ」と答えても、内心ハッとしたこともあるはずです。いとこたちの顔を思い浮かべつつ、

（そういえば今年○○から年賀状は来なかったな、来たかな？）

とか、

（うーん、□□とは一、二年会っていないぞ。いや待てよ、もう三年も会っていないな）

（△△にそのうち連絡するよと言ったきりだった。早急に返事しなければいけないな。あれはいつ電話もらったっけ？）

などと回想することはなかったでしょうか。

男性はいとことの人間関係が仕事や取引にからんでいれば、結構日常の接触はあるでしょう。仕事がらみでない間柄では普段忙しく日常を過ごしていると、〝ついウッカリご無沙汰している〟ことがあるようです。

戦前、一世を風靡した作家、林不忘さんの名作『丹下左膳』の中に、左膳が恋しい女性に書いたラブレターがあります。「萩乃殿——唐突ながら、忘れねばこそ思い出さず候（以下略）」と。いとことの間柄も忘れてはいないから、かえって取り立てて思い出さないということでしょうか。

その点、女性は独身であろうと、専業主婦であろうと、家事と仕事を両立させてい

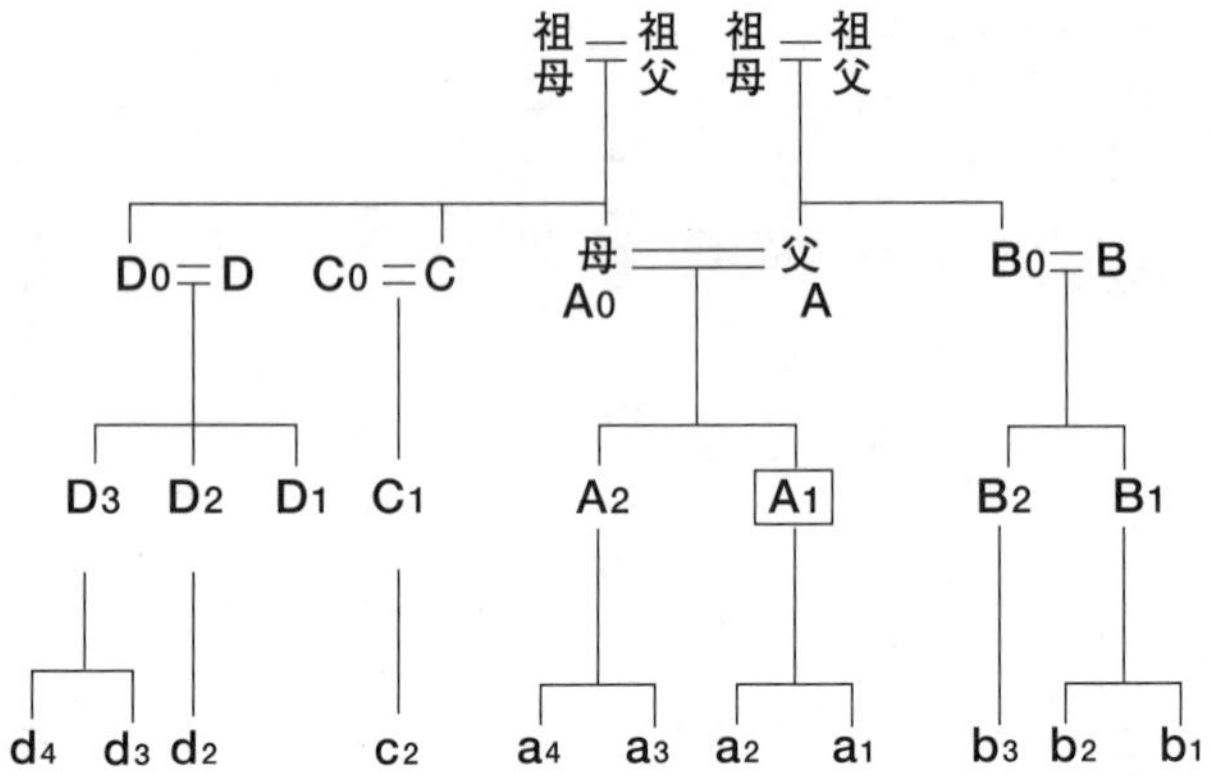

＜図１＞

る身であろうと、互いに親近感を持っていればなにかと家事や育児、子どもの教育、ファッション、料理、稽古事、職場や隣り近所との人間関係の悩みなどで、女性のいとこ（従姉妹）同士は共通の話題や情報交換に、連絡を蜜にしていれば互いに良きサポーター同士になれるようです。ですが日常こまごました身辺雑事に追われていると、この関係もやはり「ついウッカリ」や「いつかそのうち連絡してみましょう」になりかねません。

「いとこ」と「またいとこ」

さて、いとこ（従姉妹、従兄弟 a first cousin）とは父または母の兄弟・姉妹の子のことを言います。性別・年齢等によって「従兄」「従弟」「従姉」「従妹」などと書くことはすでにご承知のとおりです（図1）。

今〈図1〉のA1氏をあなたとした場合、B1、B2の人たちが父方のいとこ同士、C1～D3が母方のいとこになります。いとこは片方の親同士は兄弟姉妹で、同じ祖父母を持つわけです（異父・異母という例外もあるでしょうが）。

ついでに言うと、親同士がいとこである子ども同士の関係をまたいとこ（又従兄弟・又従姉妹 a second cousin）と言います。はとこ（再従兄弟・再従姉妹）、ふたいとこ（二従兄弟・二従姉妹）、いやいとこ（弥従兄弟・弥従姉妹）などと別の言い方をする人もいます。〈図1〉でいうとa1とa2はa3やa4との関係はいとこですが、b1～b3は父方のまたいとこ、c2～d4は母方のまたいとこになります。

『サザエさん』にもいとこがいた

より具体的に示すために、私たちと同じ庶民を中心にした一大長編漫画といえば、

＜図２＞

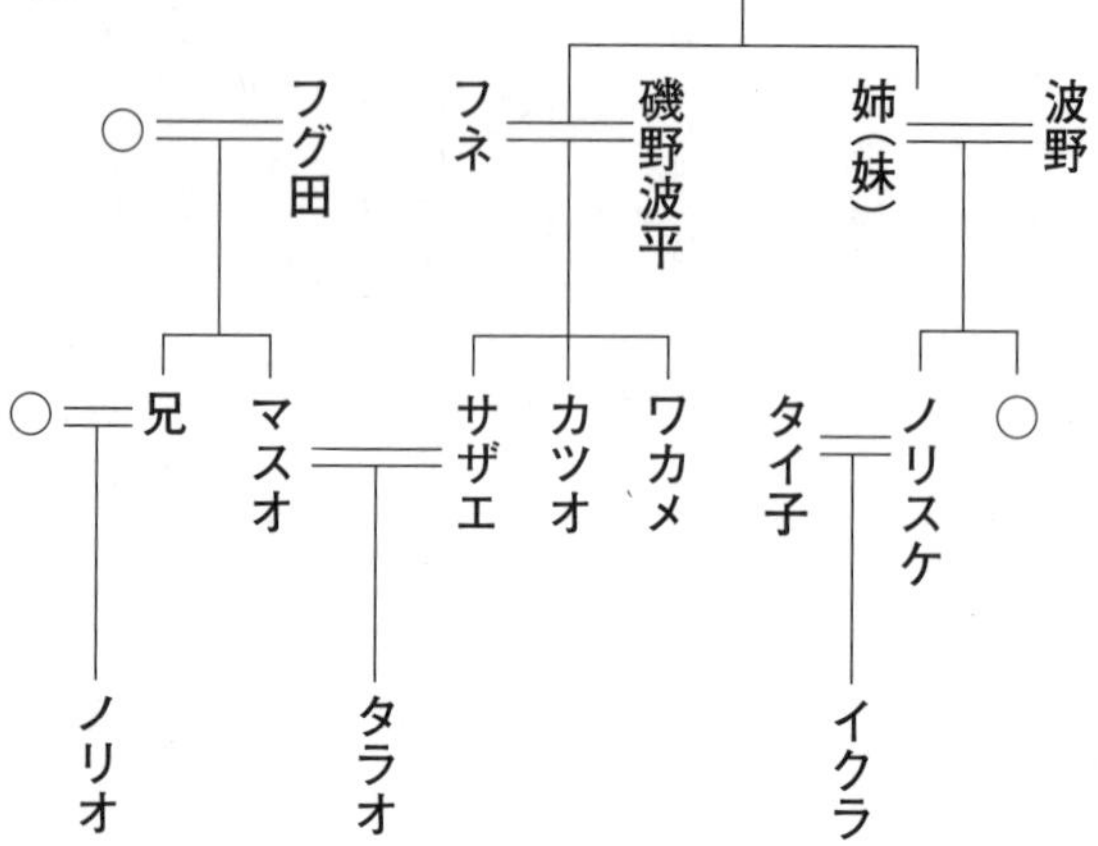

もうおわかりのように、そう、あのサザエさん（長谷川町子著『サザエさん』姉妹社刊）の家系で俯瞰してみましょう（図２）。

磯野サザエ、カツオ、ワカメは兄弟姉妹で、父方（磯野波平）の姉か妹の子ども、波野ノリスケといとこです。

またサザエさん夫婦の子どもタラオと、ノリスケ夫婦の子どもイクラは、またいとこの関係になります。さらにタラオはノリオともまたいとこです。

では、いとこの子どものことを自分から見て続柄を言い表わすとき、どう言ったらいいのでしょうか。たとえば〈図１〉のＡ１、Ａ２はｂ１～ｂ３やｃ２～ｄ４をいとこ違い、いとこ半、片いとこと呼びます。でも普通はこんなややこしい表現はしないようです。だいたい「いとこの子」で済ませているようです。反対にb1～d4はA1、A2などをいとこ小父（小母）と言います。

サザエ、カツオ、ワカメにとってはイクラはいとこ違いになります。ノリスケから見ればタラオがいとこ違いです。

さらに、父方のいとこグループと母方のいとこグループの関係はいとことは言いません。たとえばB1はC1（図1）といとこではありません。同じようにイクラはマスオの甥のノリオとは、またいとこ同士ではありません。

ところで、芥川龍之介の短編小説『河童』では、赤ちゃんの河童《かっぱ》は自分の意志で生まれるかどうかを決定できましたが、人間の子どもは自分の意志で生まれたわけではありません。両親の兄弟姉妹やその子どもたちも同じです。そして互いに「いとこ同士」になったのです。つまり兄弟姉妹もいとこでもこの関係になったのは、決して自分の恣意ではありません。

自分の恣意ではないといってこの関係を無視していいものでしょうか。むしろこの関係を「縁」と積極的に受け止め認識することが、前向きに人生を生きることにつながると考えるのですが……。いとこ同士で愛が芽生えて生涯の伴侶として幸せに暮らす例もあるのですから（いとこ夫婦）。

五十八歳の男性が恩師からいただいたという言葉がステキです。「小人は縁に会って気づかず、中人は縁に会って生かせず、大人は袖すり合う縁をも生かす」（『朝日新聞』平成十六年三月二十七日、「between」欄）

3　いとこの関係Q&A

次の各質問にお答えください。日ごろのいとこたちとの接触状況や人間関係の度合いがわかります。（□の中に数字あるいはチェック印を入れてください）

Q1　父方の伯父〜叔母は何人いますか、いましたか（生死にかかわらず）
□人

Q2　母方の伯父〜叔母は何人いますか、いましたか（生死にかかわらず）
□人

Q3 生存している父方のいとこは現在何人いますか
□人

Q4 生存している母方のいとこは現在何人いますか
□人

Q5 いとこたちの名前（戸籍名、幼児時代の愛称でも可）がすぐ言えますか
□全員言える
□半分ほどは言える
□言えないほうが多い

Q6 名前を言えるのは、父方・母方のどちらのいとこのほうが多いですか
□父方
□母方

Q7 現在、いとこたち（父方、母方）との日常のつき合いはいかがですか
□書簡（年賀状・暑中見舞い等）
□気軽に訪問・来訪
□メール・電話・ファックス・ホームページの書き込み・チャット等

□飲食
□旅行（国内・海外）
□スポーツ（ゴルフ・釣り・テニス等）
□趣味（囲碁・将棋・麻雀・園芸等）
□特になし

Q８　周囲の人たち（他人）のいとことのつき合い方と比べて、あなたといとことの日常の関係はいかがですか

□濃いほう
□薄いほう
□わからない

Q９　いとこたちはあなた以外のいとこと、Q７の答えのように交流、交際している状況はありますか

□私以上にある
□ある
□あるかもしれない

□わからない
□多分ないだろう

Q10 あなたはいとこと仕事面での接触はありますか（相談、精神的・物質的援助等）
□ある（こちらが相手に接触）
□ある（相手がこちらに接触）
□ない
□接触しようとしても断られる
□接触されても断る

Q11 今後あなたはいとことの触れ合いを深めていきたいですか。それとも……
□深めていきたい
□今くらいでよい
□少なくしたい
□できれば絶ちたい

Q12 人間関係という言葉を聞いたり読んだりしたときに、すぐいとこを思い浮かべますか

□他の人びととの関係を考える
□いとこのことは浮かんでこない
□真っ先にいとこを思い浮かべる

さて、チェックしていただいた結果はいかがでしたか。案外、いとこの存在があなたの日常生活に関わり合いがあると思いましたか。それとも改めてチェックしてみると、意外に疎遠な関係になっていたり、その存在を忘れていた……ということでしょうか。いとことの関係を見つめなおす気になりましたか。

4　少子化は「少・いとこ化」につながる

那須与一のいとこは五十人！

鎌倉時代初期の源氏方の若き武将那須与一（余一）は、源氏と平家の屋島の戦い（一一八五年）で、風で荒れ狂う平家方の小舟の上の扇をみごと射落として、敵側の平家の陣からもヤンヤの喝采を浴びました。

屋島のヒーロー与一（余一）は那須家では十一番目に生まれました。大ぜいの兄たちは生まれた順番に太郎、次郎、三郎……と名づけられ、十番目が十郎で終わりましたが、その後にまた男の子が生まれました。親はその子に名前をつける時、天からまた一人与えられたとか、十に一つ余ったとかで、与一あるいは余一と命名したというエピソードがあります。

さて、彼の両親は子宝に恵まれたわけですが、両親の兄弟姉妹も子福者なら、与一たち子どもにとってはかなりの数のいとこがいたと推測されます。仮に与一たち子どもの伯父～叔母（与一たちの両親の兄弟姉妹）が六人として、那須家が多産系で伯父～叔母の子どもがそれぞれ五人いたとすれば、与一はいとこが三十人いることになります。自分の兄弟も含めて一堂に会することになれば合計四十人です。ここには与一たちの姉妹や伯父～叔母の女の子どもは含めていません。女性も含めたらいとこの総合計は五十人を超える……。もっとも戦乱の絶えない時代ですから、このような単純計算どおりにはいかないでしょうが。それにしても壮観というか呆然というか……。

戦前・戦時中は子どもが多かった。いとこも……

話を現代に当てはめてみましょう。あなたが最初に生まれた子ども（長子）でも末子であっても、現在、年齢が六十～七十歳以上なら、当時の日本の国力は小さく、時の政府は「富国強兵」のため「生めよ殖やせよ」を国策としたので、各家では子どもの数は多かったはずです。一家に子どもが三人～五人は当たりまえでした。私の家でも長子で長男の私を含めて兄弟姉妹は六人です。妻のほうは四人の兄弟姉妹です。

私の小学校時代には兄弟姉妹が七人という級友が二、三人いました。妻の旧制女学校時代の親友が嫁いだ先の男性は兄弟姉妹が九人でした。彼女は見合いをして双方の家庭を互いに知らせ合ったとき、あまりにも相手先の小舅・小姑の多いことに気が遠くなりそうだったとか……。「大変な家にオヨメに行くことになる」と。

では私の両親はどうでしょうか。明治三十四年（一九〇一年）生まれの亡父と明治三十六年（一九〇三年）生まれの亡母は、それぞれの実家の兄弟姉妹（私にとって伯父～叔母）は六人ずつでした。

これはさておいて、日本人は昔から子沢山なのだという詮索が正解なら、あなたの伯父～叔母の数も多いといえます。前節のＱ１、Ｑ２の答えはどうでしたか。伯父たちの数が多いことはその子ども、すなわちあなたのいとこも多い（？）のではないでしょうか（Q3、Q4）。

少子化時代が始まる。それは「少・いとこ化」へ

話がずれましたが、太平洋戦争後（一九四五年以後）に出生率は落ちました。世の中がどうやら落ちついてきた昭和二十二年から二十四年（一九四七〜一九四九年）はベビーブームといわれ出生率はあがりました。この三年間に生まれた子どもを、評論家の堺屋太一さんが「団塊の世代」と名づけたことはご存知でしょう。

この世代や、この世代の前後の人もやはり兄弟の数が多く、したがって、いとこたちも多いはずですが、六十歳以上の「戦中派」よりは少ないのです。

団塊の世代を区切りとして以後、日本の子どもの出生率は落ち込み始めました。いわゆる少子化に突入したのです。厚生労働省の調査によれば、一九四九年に生まれた団塊の世代の出生数は二七〇万人、出生率（一人の女性が生涯に生むと思われる平均子ども数――これを合計特殊出生率と言います）は四・三二人でした。この団塊の世代の子ども（団塊ジュニア、子団塊）の出生数と出生率は、一九七三年では二〇九万人、二・一四人です。

出生率は以後さらに下がりました。二〇〇〇年に生まれた、いわゆるミレニアム・ベビーの出生数は一一九万人、出生率は一・三六人と一人が生む数が生涯に二人を切ってしまいました。翌年の二〇〇一年は一一七万人、出生率は一・三〇人です。いちばん新しい統計では、二〇〇三年は一・二九人です。社会的な予測を下回ってしまったので、政府は将来の年金保険料や給付水準の見直しを迫られています。

どうも大変なことになりました。少子・高齢化が定着した今日、当然のことながら、いとこの数も現代の子どもにとっては少なくなっているのです。「**少・いとこ化**」時代の到来です。あなたの子どもが関連するいとこの数は三〜四人から多くても十人前後という事態になっているのです。いとこに対する思い入れは、戦中派や団塊の世代に比べて、若い世代は前述のQ＆Aでは多分、質が違っているのでしょうね。

5 いとこはナナメ関係

ナナメの効用

かつて、心理学者の白石浩一さんが調査したところによると、職場で働く男女が互いに愛情を持ち結婚するカップルは、職場のデスクが真ん前とか横ではなく、ナナメに位置している間柄が多かったとか……。「おそらくストレートに長所や短所がわかるよりも、ナナメだとこれらをそっと温かく包み込むムードが介在するのではないか」と分析されましたが。

真後ろ、横では見えなかったことも、ナナメでは見ることができるということもあるのでしょう。たとえば学生時代に通路を隔てた、斜め後ろの席の視線がヨコに並ぶよりも、結構こちらを観察するのにふさわしい席だったようです。

「斜《しゃ》に構える」という表現があります。（剣術で刀をななめ下にさげて構えることから）正面から立ち向かわず、気取ったり皮肉な態度を取ることを表わしますが、時と場合によっては必要な対応でしょう。そういえば正視よりも流し目で男をコロリと悩殺する美女もいるのですから、ナナメの効用も捨てたものではありません。

ナナメの効用といえば、最近は筋肉痛や腰痛の湿布薬には、剥がれやすい部位や動きの激しい関節部分にも従来のようにタテとヨコばかりでなく、ナナメにもぴったりフィットするものが市場に出ています。電動歯ブラシもタテ、ヨコ、ナナメに同時振動するモーターを内蔵して、歯の汚れや滓《かす》を取り残すことがない製品が現われています。つまりナナメが活躍することで、従来の機能よりもすぐれた製品を市場に送り出すことができ、消費者の評判もいいということになったのです。

また、近所づき合いは俗に「向う三軒両隣り」と言います（図3）。すなわち自分の家の左右の隣家（D、E）、と向かいの三軒（A、B、C）です。集合住宅（マンション）が一般化した今日では、両隣りと上下階の家（ベランダや水漏れ、騒音等で

<図3>

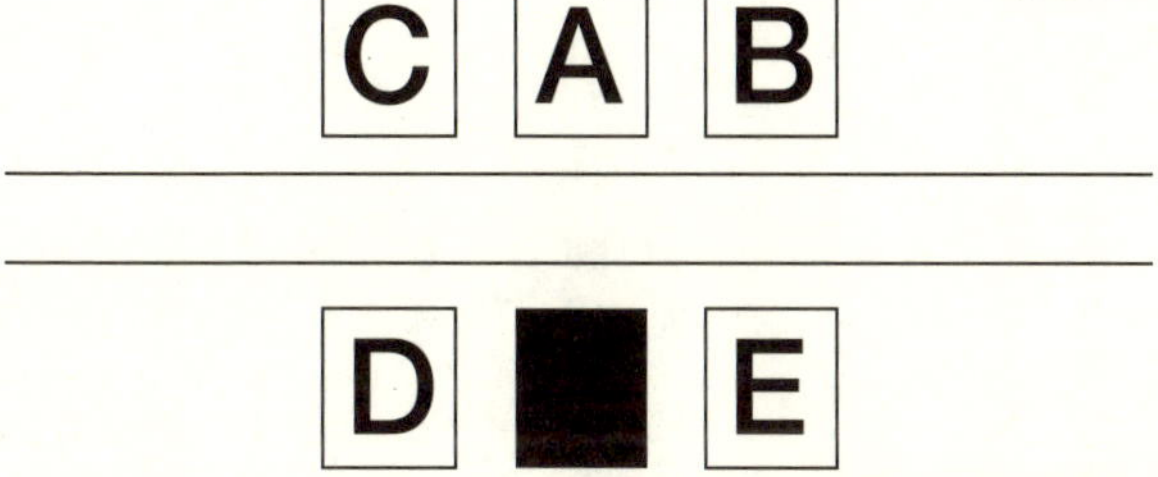

トラブル対策上）、それに管理人ということになりましょうか。

こういう生活空間で案外こちらを見ていないようでいて見て状況を掴んでいるのが、戸建ての家なら向かいの斜めの家（B、C）でしょう。集合住宅ならナナメの家はどこになるのでしょうか。これはともかくとして、昔の人は案外煩わしい地域のつき合いにナナメの効用を知っていたのかもしれません。だから、向う一軒ではなく三軒なのでしょう。

いとこは広角でものを見る（!?）

〈図2〉のサザエさん一家で見るなら、物理的な生活空間は向う三軒両隣りのナナメではありませんが、たとえばサザエさんはノリスケ家のトラブルを、両親（波平とフネ）ともども、当事者の立場から一歩退いて公平冷静に観察しています。またノリスケ家とは違った角度から意見や〝異見〟を提供できます。もちろん、ノリスケもサザエさんやカツオ、ワカメに対して同様です。タテ（親子）、ヨコ（兄弟姉妹）という直線的な視界や、視界を外れて心理的にナナメという広角を持つから冷静になれるのでしょう。

私たちもそうです。たとえば、ある近親者の家で慶び事があって、その家の親子が有頂天になっているとき、伯父～叔母を含めて、いとこはストレートに喜びを表わす反面、角度を広げて冷静に状況をつかみます。時に、いとこが年齢的・心理的にその親に近ければ、親の立場を別の視点で子どもに説いてくれる……。

逆に、いとこが兄弟姉妹に年齢的・心理的に近ければ（親しければ）、彼らの考えを親たちに代弁することもしてくれる。兄弟姉妹から〝時の氏神〟と感謝されることがあるかも……。何しろ相手方の両親・兄弟の両方を視野に入れることができる立場にいるのですから。

いとこは親等（家族関係で遠近を表わす等級）が違うので、相手に親子・兄弟姉妹とは違ったスパイスを利かせることや、隠し味が出せるのです。場合によれば、いとこそれぞれのオリジナル・ドリンクを提供することも可能と考えられます。

人間、一度死ねば二度と死ぬことはない

私の知人、川端昌雄氏（六十代）の話を紹介しましょう。

十二年前に彼は母親を癌で失いました。父親は交通事故でそれより三年ほど前に亡くなっています。彼の兄弟は四人で、長男の彼が父の死後、母を引き取って暮らしていました。医者から母の死期が近いことをそっと知らされていたので、彼や家族、兄弟たちはそれなりの覚悟は持っていたつもりだったのですが、やはり亡くなったとき、とくに彼はガックリ参ってしまったのです。

通夜、告別式は何とか済ませましたが、いつもいるはずの母親の顔が見えないことの違和感は、日にちが経っても一向に拭えません。彼は虚脱感から顔色も悪く痩せてきました。妻や子どもたち、それに訪れてくる兄弟たちも、励ましの言葉をかけるのもはばかられる雰囲気です。彼自身もみんなが自分に対して腫れ物に触るような態度でいることは知っていました。それが一段と彼のどうにもならない焦燥感を募らせることになっていたのです。

十日ほど経ったときに、通夜や葬儀に家族以上に働いてくれたいとこ（ヤッちゃん）が線香をあげに来てくれました。いとこも彼のやつれた顔を見て驚いたようです。仏壇のある部屋で、いとこと彼夫婦が時折、仏壇に向かって亡母に「なあ、母さん」「どう？　伯母さん」と語りかけながら夕食をとっていたとき、いとこが彼の顔を見てポツンと言ったのです。

「なあ、マーちゃん、人間というのは一度死ねば二度と死なないもんだよ。ねえ、伯母さん」と。

「いやぁ、あの一言は私にとって晴天の霹靂というか、盲点を衝いたというか、強烈なものでした。亡くなった母がヤッちゃんの口を借りて言ったような、私にとっては天の啓示にも思えたのです」

と、氏は私に困ったような、照れくさい表情を浮かべて語ってくれました。

「考えてみれば当然ですよね、一度死ねば二度と死ぬことはないですものね。その晩以来、急に憑き物が落ちました。家族や兄弟では私の顔色を気にして到底言えないこと、いとこだから言えることを彼はさらりと言ってのけたんですよ。彼の両親は私の叔父・叔母になりますが、ウチの両親よりも前に続けて亡くなっています。そのショックからの彼の感慨というか、哲学なんでしょうね」

第2章

いとこの悲喜こもごも

1　歴史に見るいとこの愛憎

赤穂浪士の討ち入りには四組のいとこが加盟していた

十年前に私は忠臣蔵の大石内蔵助のリーダーシップについて上梓した著書があります。［『男の意気の貫き方―大石内蔵助に見る統率力の研究―』（大和出版、一九九四年二月二十五日発行）］。

本書で次のような記述をした箇所があるので、ここで取り上げてみましょう。

「元禄十五年十二月十四日（一七〇二年）の赤穂浪士四十七人の吉良邸への討ち入りには、同志のなかに父子が八組、兄弟が四組、叔父・甥では一組、いとこ同士が四組いた。血縁関係は合計三十四人である。

江戸城で浅野内匠頭が吉良上野助に刃傷事件を起こし切腹させられたとき、吉良討つべしと連判状に署名した強硬派は藩士三百有余名のうち八十四名であった。だが、やがて一人、二人と去り、結局残ったのは四十七人であった。血縁関係で結ばれたパーセンテージは四十七人中七十二％だ。いとこだけを取り上げても十七％である。

討ち入り浪士中、2／3以上が血縁関係にあるが、いとこは父子、兄弟の関係に比べて血縁は薄い。だが加盟したことに逡巡した他の浪士たちを脱落させなかった誘因に、薄い血のつながりのいとこ同士の結束の強さがあったと言える。

皮肉なことだが、首謀者の大石内蔵助の伯父・叔父二人は当初、いったんは連判状に書名しながらも脱落した。他の浪士たちが血縁関係の絆で参加しているのを眼のあたりに見て、三百石以上の高禄を得ている縁者に背を向けられた内蔵助の胸中は複雑だったに違いない。彼は切腹の間際まで宿舎に当てられた同室の者に言い訳をしていたそうである」


恋情止みがたく、いとこの首を掻き切った北面の武士

赤穂浪士のいとこたちは強い愛や情で結ばれていましたが、反対にいとこの女性を殺害した悲劇の武士もいました。

平安時代の末期、京の御所を護る血気盛んな若武者の中に二十代の遠藤盛遠がいました。ある日、彼は町で出会った若い女性にひと目惚れしました。一説によると、その女性は盛遠のいとこの袈裟御前《けさごぜん》（十九歳）だったのです。しかし、彼女はすでに渡辺渡（亘）という武者の妻になっていました。

盛遠は横恋慕の感情止みがたく、どうしても袈裟御前を放そうとはしませんでした。彼女は「それほどお望みなら夫を殺してください」とダンドリを話して帰りました。その夜、盛遠はダンドリどおりに渡辺邸に忍び込みますが、盛遠が殺したのは男姿になって、命と引き換えに貞節を守り身代わりになった袈裟御前でした。

彼女の行動に深く慙愧の念を持った盛遠は塚を建ててねんごろに弔いました。そればかりか自分は出家して熊野で苦行し、のちに高野山に寺を建立したり、東寺の大修理を主導したので、文覚上人と尊敬されたといいます。

ここで、腑に落ちないのは二人とも互いにいとこ同士であることを知らなかったのか、ということです。子どものころの行き来はなかったのでしょうか。こんな疑問を持った戯作者もいたのでしょう。後年に二人をもじった落語が登場しました。

――盛遠は首尾よく渡（亘）の寝首を掻き、首実検をしようと斬り口に手をやると、飯粒がべっとり。「さては、けさ（今朝）の御膳であったか」というのがオチです。

その他、歴史上の人物を語るとき、いとこ同士の組み合わせに驚くことがあります。

豊臣秀吉の息子の秀頼と、その正妻の江戸幕府二代将軍の徳川秀忠の娘、千姫はいとこ（従兄妹）でした。秀頼の母、淀君と千姫の母、おごうは浅井長政の娘で姉妹だからです。また前田利家とその妻、まつもいとこ（従妹）でした。

2 いとこはことわざで、こんなふうに扱われている

ことわざの発生と道程

数え切れないほどの言葉が生まれ使われても、いつのまにか消えていくものが多いことは私たちの日常経験するところです。時に流行語はこの最右翼ではないでしょうか。ところが、ことわざは今もなお私たちの生活の中に生きています。それどころか、行動の指針や価値判断の基準、認識の選択肢などになっています。これは思うに、ことわざの発生は事実に基づいた最大公約数的な生活体験を母体として生み出されたからでしょう。

私はことわざは具体的に次のような経路で生まれたものと考えます。まず一人が言い出す。それを三人が同意する。やがて五人が納得し、十人が共鳴し……といった形で時空を超えて大ぜいに知れ渡ったのでしょう。しかも、ことわざは全部が全部「詠

み人知らず」です。ここに、ことわざの根強さがあると考えられます。

さて、今まで親子、兄弟、いとこを、さまざまに取り上げてきました。当然、これらを扱ったことわざがあってよいのですが、親子や兄弟に関してのことわざは多いのですが、拍子抜けするほど、いとこについてのことわざは少ないのです。これはどうしたことでしょうか。次のようなものしか見当たりません。

ことわざに見るいとこ模様

1　「いとこ同士は鴨の味」「いとこ同士は鴨の吸い物」
いとこ同士で結婚すると、その情愛の睦まじさは鴨の味に匹敵するほどすばらしい。

2　「いとこの肌は温かい」
いとこは親兄弟ほどではないが、それでも赤の他人とは違って、血のつながりのある者同士の親しみ、懐かしさといったものを自然に感じるという意味。

3　「夫婦はいとこほど似る」
血縁関係のまったくない他人同士でも、長く夫婦として暮らしていると、血の

つながった者のように性質や行動が似てくる。

——以上の三つは温かみのあることわざですが、次のようなものもあります。

4

「いとこ・はとこは道端の犬のクソ」「いとこ・はとこはどぶ（溝）の端にもある」「いとこと馬の糞はどこにもある」

いとこ・はとこは誰でもたくさんいるものだが、それだけに縁が薄くなってだんだん他人に近くなり、あまり頼りにはならなくなるということのたとえ。

5
「いとこ糸ほど」
血はつながっていても、いとこの間柄になると縁が薄くなって細々としたつながりに過ぎなくなるということ。(「糸」はつながりの意)。
——さらに、いとこの存在をもっと軽く見たものもあります。

6
「京のいとこに隣かえず」
何か事が起きたとき、遠くに住む身内より、隣の人のほうが当てになるという意味から、日ごろから近隣の人とはよくつき合っておかなくてはいけないという教え。「遠くの親戚より近くの他人」ということわざもありますが、何もいとこだけを殊更ひっぱり出さなくてもいいと思うのですが……。

7
「あくびを一緒にすれば三日いとこ」
あくびは伝染しやすすもので、そばにいる人びとも次々とあくびが出ることがあります。そうすると、なんとなく親近感を覚えます。ちょっとした親近感をもつ仲を〝三日いとこ〟と言ったわけですが、ずいぶん軽く見られたものです。

ちょっとした親しさをあらわすことわざには「関東のつれ小便」という言葉もあります。三日いとこはさしずめ〝つれションいとこ〟ですかねえ。

8 「悲しい時は継母のいとこも訪ねる」

悲しい境遇にあるときは、ふだんつき合いのない人にもわずかな縁を頼って助けを求めるという意味。訪ねられたいとこの困惑が目に浮かんできます。

――どうも「いとこ礼賛」には程遠いことわざです。縁が薄くなるというなら兄弟だって同じです。次のようなことわざがあります。

「兄弟は他人の始め」「兄弟二十日《はつか》孫二十日」（二十日も共に暮らすと、互いに飽きて嫌気がさすという意）。

要は、いとこはカクカクシカジカだから、ふだんから日常の交流に留意せよとの、昔の「詠み人知らず」の警句と前向きに受け取りましょう。

3　いとこの味は幼なじみの味（!?）

♪　幼なじみの想い出は　青いレモンの味がする　閉じる瞼のその裏に　幼い姿の君とぼく　（歌詞・永六輔、作曲・中村八大、歌・デューク・エイセス）

オーバーラップするいとこと幼なじみ

幼なじみの相手は必ずしもいとこではありません。幼稚園や小学校の遊び相手であったり、近所の遊び相手であったりします。しかし、いとこは互いにほとんど幼なじみの印象が蘇ってくるようです。もっとも、いとこでも年齢がかなり開いていたり、互いの家が遠かったりして、あまり交流がなかったときはこの限りではありません。

今、これを距離という概念で測ると、距離には二つの別があります。一つは物理的距離です。これは度量衡で測れる隔たりです。もう一つは心理的距離で、個人と他人や事物との意識の差です。たとえばラッシュアワーの電車の中で背中合わせになった二人が、互いに相手を取り立てて意識しなければ物理的距離はゼロでも、心理的距離は無限大と言えるでしょう。反対に相思相愛の新婚夫婦は男性が独りで海外に赴任しているとき、物理的距離は遠いのですが、相互の心理的距離は近いと言えます。心理的距離は個人の主観的な秩序に属していると言ってもよいでしょう。

私が本書を執筆するに当たって、友人、知人、仕事関係の約三十人に、いとこにまつわるいろいろな話を聞いてみました（以下、これを「いとこ調査」と名づけます）。ほとんどの人が幼・少年少女時代の自分と年齢差の少ないいとこのことを語ってくれたのです。せいぜいその年齢差は五、六歳ほどでしょうか。その間柄には心理的距離の差を感じないようです。遊び相手としても格好の相手だからでしょう。ところが十歳以上も離れてしまえば、もう互いに幼なじみとは言えないようです。だいいち、対等に接してくれたか、接したかは疑問だからです。とくに年下のいとこは年上のいとこに若い叔父（叔母）といった意識を持つのではないでしょうか。

親の代理戦争下にあるいとこたち

ところが年齢差が少なくても、いとこ同士で幼なじみという懐かしい響きを感じない相手もいます。これは本人同士よりも、その親に問題があるようです。

というのは、こういうことです。いとこ同士、歳が近いとなると、学校での成績や進学先について暗黙のうちに親から競争させられます。果ては礼儀や食べ物の好き嫌いについても、親同士の見栄や競争意識の矢面に立たされます。いわば親同士のジェラシー（嫉妬心）の代理人を演じさせられます。この結果、親同士の好意や悪意の度合いが、子ども同士にも反映することになるのでしょう。

一方、相互の家が遠い（物理的距離）と、ついお互いの訪問もご無沙汰になるため、親ばかりか子どもも疎遠になって親しみが湧かないということにもなります。物理的距離と心理的距離が比例します。

なぜか懐かしい母方のいとこ

また、「いとこ調査」で新しい発見がありました。いろいろ答えてくださった後に、「そのいとこは父方ですか、それとも母方ですか」と聞くと、２／３以上の方が母方と答えるのです。

理由はさまざまあるのでしょうが、母のほうが子どもをつれて実家に帰ることが多いという理由があるようです。その結果、子どももいとこと聞けばすぐ母方のいとこを思い出すのでしょう。次のような人もいました。

「私の場合、父の実家のほうが近いのです。ですが私たち子どもをつれて母が父の実家に顔を出すと、やはり母は遠慮するのでしょうか、あまり行き来はしないようでした。泊まっていけと勧められても、長くて二泊三日くらいです。ですから父方のいとこと遊びまわった想い出はあまりありません。

そこへいくと、母の実家は遠いのですが、母にとっては生まれ故郷でしょう。自分の子ども時代の友人も多く、実家に帰った母はまるで水を得た魚のように生き生きしていました。実家に行くとだいたい一週間くらいはいましたね。当然、母方のいとことは兄弟のように遊びまわりましたよ。互いに長じてからも行き来は結構ありましたので、今いとこと聞くと母方のいとこしか思い出しませんね。父方のいとこには申し訳ないんですが」（小野正雄さん、五十代、男性、商社）。

あなたはどうでしょうか。第1章のQ&AのQ3以下の答えをもう一度見てください。あなたの答えの中に、いとことの幼児や少年少女時代の触れ合いが投影されていないでしょうか。

二〇〇一年の世界スプリント選手権で総合二位、銀メダルを獲得した、元スピードスケート選手の三宮恵利子さんは子どものころ、祖父の家で十歳年上のいとこ（従兄）

と兄妹のように育ちました。彼がピンク・レディのファンだったので、遊びに行くといつもレコードが流れていて、自然に彼女も『UFO』や、のちにいろいろの歌が好きになり、やがては海外遠征にはいつもCDプレイヤー持参。試合直前まで聞きながら精神統一とリラックスを計っていたそうです。彼女と音楽の結びつきの源流はいとこにあった！

4　親戚づき合いを断りたいいとこたち

「いとこ調査」で、いとことは一口に言うと、〝友だち以上、兄弟未満〟という人が大部分でした。ですが、こういう答えではいとこと具体的にどうつき合っているのか、日常どういう様相なのか浮かんできません。そこで普段どのように接しているのか、どう触れ合いを持っているのか、を聞いてみると、微笑ましい関係から蛇蝎《だかつ》のように嫌っている間柄までいろいろ出てきました。

まず、嫌っているいとこの例からあげてみましょう。

顔も見たくない。いとこの関係が切れるならそれも結構

水野雅恵さん（仮名、六十代、無職）は十年ほど前に夫を癌で失い、その後は息子夫婦と孫二人の五人暮らしです。息子はサラリーマンで、その嫁さんは乳酸菌飲料の配達や拡張の仕事に携わっています。「おばあちゃんがいてくれるので助かるわ」と喜ばれています。

雅恵さんは夫の闘病中に、同性のいとこ（谷村良子さん、仮名、六十代、専業主婦）の母親（雅恵さんの伯母）に金銭的に世話になりました。伯母はすでに他界していますす。三年ほど前に良子さんに懇願されて五十万円ほど貸しましたが、一年後に返済という約束の期日になっても返済がありません。たびたび催促すると、最初のうちは良子さんも謝罪して、もう少し待ってくれとの返事。それ以後、もう二年経ちました。

何の返事もないので今度は強くなじったところ、良子さん曰く「アンタは私の母にかなりおカネの面で助けてもらったはずよ。だから今度は私の役に立ってくれてもいいはずじゃないかしら。返さないとは言いません。おカネができるまで待ってほしいのよ」

彼女は憤慨して私に言います。

「私は伯母さんにはほんとにお世話になりました。借りたおカネは少しずつですが毎月お返ししてきました。このことは良子さんも知っているはずです。良子さんが困っているなら、私で役に立てるなら伯母へのご恩返しと思って貸したのですが、こんな理屈を言うなんて……。

私は伯母には助けてもらいましたが、良子さんには世話になっていません。もう少し待ってみて、法律に訴えても返してもらいます。私だって有り余るおカネじゃありませんもの。まったく自分勝手な理屈にならない理屈で私を丸め込もうとするんだから。もう顔も見たくないし、それでいとこの縁が切れるならかえってサッパリするわ」

まるでタカリだな

佐藤裕さん（仮名、五十代、上場企業役員）は、出身県の地元に住んで土建業を営んでいる同年代のいとこ、山村照三さん（仮名）が悩みの種です。佐藤さんはこまめに親戚筋には年賀状や暑中見舞い状を欠かさず送るのですが、山村さんからだけは返事をもらったことはないと言います。

三年ほど前の春、急に山村さんから自宅に電話。ビックリして受話器を取ると、佐藤さんの語るにはこんなやり取りだったそうです。「ご無沙汰しています」「みなさんいかがですか」のあいさつもなければ、突然の送信を詫びるでもない。いきなり一方的な言い方――

「突然だけど今月、娘が地元の大学に入ってね、ついては保証人になってほしいんだ。いいだろうね」

「保証人の書類を読んでから決めさせてもらいますよ」

「そんな固いことを……。それにもう締め切りが来ているんでね、時間がないんだ。あんたのハンコはこっちで用意して、俺が書いておくから、それでいいだろう」

「そんな、そちらの都合で勝手に決めないでほしいですな」

「じゃ、そういうことで……」

何が〈そういうことなのか〉、佐藤さんは口角泡を飛ばさんばかりに私に言います。

「こればかりじゃないんですよ。上京したついでだと言って、地元の人間を四、五人連れてきては飲食をねだるんです。つい先日も、地元選出の議員に陳情に来た帰りだと言って、どこか寛《くつろ》げるところに案内してくれや、と、こうですからね。もうタカリとしか言いようがないですね。まだいろいろとありますが、もうお話にならないほど非常識で……」

「で、あなたは彼に注意しないのですか」と聞いてみると、

「もちろん連絡しますよ。電話で表向きは近況伺いということで、やんわりと釘をさすんですが、『わかったよ、偉い人の言うことは違うね。オレたちとあんたはデキが違うからな』で受話器をガチャンです。彼の親父さんは腰が低く常識を心得た人でしたがねえ。なぜ、ああなってしまったんですかね。子どものころは面倒見のいい兄貴分だったのですがね。今じゃ、僻《ひが》んで言うわけじゃないんですが、なにか私を眼の仇にしているんじゃないんですかね。なぜなのか理由はわからないのです。

先日、ほかのいとこから連絡があって、彼はさかんに私の悪口を言いふらしているというんです。親戚の法要が近いうちにあるんですが頭が痛いですよ。まあ、敬遠するに越したことはないですね」

と、佐藤さんは憤懣やるかたない様子でした。

(注)タカリ＝脅したり泣きついたりして金品を巻き上げ、あるいは、おごらせること。

親戚づき合いをやめたいほどだ

村井勝さん（仮名、三十代前半、雑誌記者）は四十代前半のいとこ、川瀬貞男さん（仮名、広告会社社員）がこのところ頭痛の種です。村井さんには二歳年上の一人の姉がいます。二人とも現在独身。彼女はある歌謡劇団に所属して、以前はパッとした存在ではなかったのですが、最近メキメキと頭角をあらわしてきました。姉のことを語る彼の顔は喜びに満ちていました。

私が「お姉さんは苦労したんですね」と言うと、よくぞ聞いてくれたと言わんばかりに楽しそうに姉のことを話してくれるのです。その表情には肉親の情愛がたっぷりこめられています。途中でフッと気がついたのでしょう、彼は頭を掻きながら言いました。

「いとこの話でしたね。今困っているんです。いい知恵があったら貸してくださいよ」

姉の村井千恵さん（仮名）の劇評か、劇団の公演の広告かを新聞で見たのか、川瀬さんから劇場に電話。

彼女は久しぶりのいとこからの電話で嬉しかったのでしょう。誘われるままに日時を約束してホテルで食事。互いの話が弾んで、またいつか会いましょうと別れたのはいいのですが、以後、やたらに楽屋に電話が掛かってきたり、川瀬さんの名前での花束、ケーキ・鮨などの差し入れ。夜の公演が終わったころ、電話で「今、業界のお偉い人と飲んでいるんだ、来ないか、紹介しておくよ」。そうかと思うと「会社の忘年会に来てくれないか。余興に歌を頼むよ」。まるで彼女のマネージャー気取り。「アンタ、男同士でちょっと貞男さんに話してよ。このごろ彼、少し異常よ」と姉からいきさつを告げられて村井さんも初めて事の次第を知ったのです。

と、ほどなくして、以前親戚の法事のときに一～二度会っただけの川瀬さんの奥さんから彼に深刻な電話がありました。「夫が最近、いとこの千恵さんから相談を持ちかけられていると言っては、帰りも遅いし、千恵さんに頼まれたからと言っては何に使うのか預金をおろしたり。いったい夫と千恵さんの間に何かあるのでしょうか」

姉弟ともに仰天です。同時に顔を見合わせて噴き出したそうです。「いい歳をしてアタマに血があがっちゃったんだな」と。彼女の方はカンカンに怒っています。「冗談じゃないわよ。あんなイヤらしい人に身の上相談したり、おカネなど借りるもんですか」

でも早急に何らかの手を打たなければなりません。図らずも赤の他人の私も相談に乗らざるを得ない始末になりました。川瀬さんは吐き捨てるように言いました。「いとこの恥さらしですね。もう親戚づき合いをやめて、赤の他人同士になりたいですね」と。

赤の他人とは辞書的な定義では「まったくの他人。全然縁のない人」（新村出編『広辞苑』岩波書店）となっています。一方、劇作家・小説家の岸田国士さんによると、赤の他人とは「まったく交渉のない人間というだけでなく、うっかり交渉を持ってはならぬ人間というくらいな、反発と警戒の意を含めた呼び方なのである」（岸田国士『日本人とは』角川文庫）とあります。おそらく村井さんばかりでなく、水野さん、佐藤さんも岸田流の赤の他人になりたいのではないでしょうか。

5　いとこは　いいとこ！

一方「いとこ調査」では、いとこ礼讃をあげた人のほうが多かったのですが、こちらも三つ掲げておきます。

課外授業の先生

白井弘枝さん（三十代前半、会計事務所）に「あなたにとって、いとこ、とは」と聞いてみると、間髪をいれずに、「日置美江さん、私の姉のような人で私の課外授業の先生です」と、サッと答えが飛んできました。白井家は子どもが三人で兄二人、彼女は末っ子です。一方、日置家は子どもは二人で美江さん（三十代後半、公務員、既婚）と弟。いとこはほかにもう二人（男性）がいます（成田家）。

なぜ課外授業の先生かというと、弘枝さんが中学生・高校生のころ美江さんは彼女の家庭教師として、アルバイトで勉強の面倒を見ていたのです。

「小学校卒業以来、勉強が嫌いな私が高校や大学の志望校に入れたのも美江おねえさんのおかげです。とにかく教え方がとても上手で、どんなにわからなくても根気よく教えてくれるのです。ですから私は子ども心におねえさんは学校の先生になったらいいのにと思っていました。勉強時間が遅くなると、ときどき私の家に泊まって行きました。それがまた私は嬉しくて……」

美江さんを語る弘枝さんは夢中です。

その後、二人とも社会人になり忙しくなりましたが、ときどき互いに連絡を取り合っては、美術館や映画でアフターファイブを楽しみました。それどころか、美江さんは「ヒロちゃん、こんなことも習っておいたほうがいいんじゃない」と、カルチャーセンターや公民館の学習会に誘ってくれたのです。フラワーデコレーション・絵手紙・マミフラワー・陶芸・ヨガ……。

「引っ込み思案の内気な私が全然違った世界のことを知るのは、最初は戸惑ってばかりいましたが、いつもおねえさんがそばにいるのでだんだん楽しくなってきました。職場でも周囲から『白井さんはずいぶん趣味が豊富だね』と言われるようになったのもおねえさんのおかげです」

「おねえさんは数年前に結婚して、近く赤ちゃんが生まれますが、きっと育児と仕事を両立させていける人です。どのようにするのか私も楽しみです。今でも、そうですね、月に一度くらいの割でおねえさんと会いますが、楽しく過ごしています。私だってそのうち結婚します。そのとき、おねえさんの生き方が私の見本です。おねえさんはいとこというよりも生涯私の家庭教師で、課外授業の先生です」

弘枝さんの瞳はきらきら輝いていました。

いとこは碁敵《ごがたき》

「私のいとこですか？　そうですね、碁敵といったところでしょうか」と言ったのは原田俊雄さん（七十代前半、食品会社定年退職）。

「碁敵は　憎さも増し　懐かしし」という川柳があります。囲碁の別名を手で相対するところから「手談」というのですが、好敵手同士になると口でもヤジを入れたり、怒らせたりして対局を楽しみます。小憎らしいけれど、あいつと打てないのは寂しい、このごろ来ないのは病気か、事故か、それとも仕事が忙しいのか、碁が楽しめないのはどうも気がかりだ、こっちの仕事も手につかないといった心境です。

　話を原田さんに戻すと、

「現在、私のいとこで残っているのは母方のほうの五人ですね。父方のほうはちょっと複雑な家系なので、今はつき合いをしていません。五人の中で女が三人、男が二人です。私より一歳上の男のいとこが今言った碁敵の宮内誠三です」

　さらに原田さんは続けます。

「宮内は小売商（燃料商）で年中忙しくしていますが、後継者がいないので死ぬまで自分がやると言っています。ア、これは関係ない話ですね。碁敵と言ったのは、彼は

カンがいいのか逢えば互いに口汚く罵《のの》り合ったり、冷やかしたりです。互いに気心を知っているからできるんでしょうね。その互いのコミュニケーションの中に、言うに言われぬいとこの愛情といったものを感じ取れるんです。向こうも同じでしょうね。

ですから一カ月も連絡がないとどちらかが電話して、オッ生きてたのかとか、車にでも刎ねられたかと思ったよ、といった応酬の連続ですね。互いに負けず嫌いですから、得がたい生涯の友ですね。互いに負けず嫌いですから、私が携帯を持てばクソミソにけなしながら、向こうもちゃんと購入するんですな。政治でも健康や経済の話でも、うろ覚えの知識を展開したり、そっと新しい情報を仕込んだりして、互いに張り合っていますよ。いやぁ、楽しいですな」

原田さんは目を細めて語ってくれました。

プロパー・ディスタンスを取りがちな現代人

「山嵐のジレンマ」とか「ハリネズミ現象」という説をご存じでしょうか。山嵐やハリネズミが寝るときに寒いので、互いに身体をくっつけ合って寝れば寒さを防ぐことができる。だが、それでは互いの身体の針で相手を刺して眠れない。そこで互いに刺し合わない距離、しかも相互の体温が伝わる距離をとったところ熟睡できたという話です。

最近は人づき合いも相手の中に入り込まずに、常に一定の距離（プロパー・ディスタンス）を置き、何か遠慮したところや、一歩引いたところで人間関係を維持しています。ですから、知り合いは大ぜいいても、なんとなく孤独を感じたり、一度でもトラブルが発生するともう修復できないと感じて、さらに表面的なコミュニケーションをとりがちになります。

友人同士では遠慮しなければならない間柄もあるのでしょうが、いとこ同士なら原田さん、宮内さんのように、初めから互いに言いたいことを言い合っていれば、ケンカになっても言葉の奥にある心を伝えることができるのではないでしょうか。とくにいとこは、自分と共通の部分がある親同士が兄弟姉妹なのですから、修復や解決も早いと思うのですが。

若いいとこのカウンセラー兼コーチだが、実情は……

栗原融さん（五十代前半、建設コンサルタント会社勤務）

栗原さんの五人のいとこ（男性二人、女性三人）は全員、彼より年下で、一番下のいとこ（女性）と彼との年齢差は三十歳くらいあると言います。親同士も年齢差があったからでしょう。

「いやぁ、私が一番上でしょう。一番下のいとこは年齢差だけ見るとまるで父と娘ですよ。それでも逢えば楽しいですよ。私たち夫婦は子どもがいませんので、彼ら全員が私たちの子どものようですな。彼らが家に来ると、私以上に喜ぶのは妻ですな。彼らも楽しいらしく、よくやって来ますよ。私が不在のときは妻と食事をしたり、お茶を飲んだりしています」

ちなみに、歳の若い彼らは全員サラリーマンやＯＬで、既婚は男性二人、女性一人とのことです。男性は二人とも管理者で、部下管理、上司との折り合いの悩みなど、栗原さんはよく相談を持ちかけられると言います。女性も職場のセクハラや顧客とのトラブルの悩みについて栗原さんばかりか、彼の細君にも相談に来るとか。

「私は会社では人事部にいますし、採用や社員教育にも手を出しているので、いとこたちは身近なカウンセラーかコーチと思えるのでしょう。それなりにこちらも緊張しますが、相談を持ちかけられるのは嬉しいですよ」

栗原さんは彼らの悩みを聞いたり相談に乗っているうちに、むしろ教えられるのは彼自身と言います。会社では話題にも出なかった三、四十代の心の悩みに、若いいとこを前にして彼も真剣に対応することが、自分自身にとってすばらしい刺激になっています。

彼らに触発されるように、栗原さんはカウンセリングやコーチングの通信教育、セミナーをひそかに受講しはじめたそうです。いとこたちも栗原さんや細君と接触しても、妙な遠慮や気遣いをしなくていいのでしょう。だから互いにストレートに話が進むのでしょう。

彼らは歳の離れた栗原さんを、子どものころは「にいちゃん」「おにいちゃん」と呼んでいましたが、今は男女ともに「おにいさん」と呼んでいます。彼の細君は「おねえさん」です。反対に彼と細君は彼らを「○○ちゃん」「△△さん」と呼びます。「若いいとこの面倒を見るのが私の生きがいの一つになっています。教えられることが多くて、いい自己啓発になっています」と栗原さんは楽しそうに笑います。

6　いとこに敬語は必要か

敬語は人間関係の把握に基づいて

敬語のなかで、人名や官職名の下につけて敬意を表わす呼び方を敬称（尊称）と言います。先生・殿・様・氏などです。

職業によって伝統的な敬称もあります。各宗教の管長につける敬称の「睨下《げいか》」、軍人社会の「閣下」、渡世人社会の「頭領・親分・頭《かしら》・親方」。さらに他人を親しみ、からかって呼ぶ「大将」、旅館・料亭の「おかみ（女将）」など呼び方に事欠きません。

さらに次の敬語があります。

1　相手を尊称する言い方（尊敬語）
2　自分がへりくだる言い方（謙譲語）
3　ていねいにいう言い方（ていねい語）

厄介な敬語ですが、敬語はあくまでも人間関係をわきまえた表現です。したがって、敬語を使うときにまず大切なことは、人間関係の的確な把握です。

つまり話し相手が自分より目上なのか、目下なのか、自分と親しい相手なのか、そうでないのか、あるいは話題にのぼる人と相手や自分との関係はどうなのか、相手は男性なのか、女性なのか、その場のムードはどうなのか（緊張気味なのか、リラックスしているのか）といった点を考慮する必要があります。

ある若い女性のインタビュアーが暴力団の組長にインタビューしたとき、かなり緊張していました。

相手の組長の左右には屈強の男が難しい顔つきで護衛を務めていました。彼女はさすがに恐怖感と緊張気味で、まずは初対面のあいさつ。それに応じる組長のだみ声が余計に彼女の緊張を募らせました。焦った彼女の相手に呼びかけた第一声は、

「あのぅ、ヤクザ屋さん……」

これには、さすがの組長も眼をシロクロさせていたとか。ヤクザ屋さんなどという敬称で呼ばれたのは生まれて初めてだったに違いありません。

いとこは昔の呼び方でいい（?）

では、私たちがいとこと接するとき、敬称はどう使えばよいのでしょうか。たえず行き来して話をする間柄ばかりではありません。五年ぶりで会ったとか、十年間すっかりご無沙汰していたなどのいとこ関係では、相手に呼びかける敬称もグッと詰まってしまいます。

だからといって苗字を呼ぶのも何か白けたムードです。親しみと敬意がこもっていれば、懐かしいかつての呼び名で十分ではないでしょうか。

すなわち、子ども時代に目上のいとこをたとえば「兄ちゃん（お兄ちゃん）」「姉ちゃん（お姉ちゃん）」、目下のいとこを「さぶちゃん」「みっちゃん（みちこちゃん）」と呼んでいたなら、その呼称でいいでしょう。

また同世代や二、三年年上で、子ども時代に相手を「タケシ」「ノッコ」と呼び捨てにしていた場合、久しぶりの出会いでも、その当時の呼称でいいのではないでしょうか。ただし、相手がそれを嫌がったり、不服顔なら「タケシ君」「ノブコさん」と言い直した表現を使えばいいのです。

私の知る限りでは、年下のいとこは年上のいとこから改まって呼ばれると、何か特別視されていると気を回したり、距離を置いてしまうようです。

年下のいとこが年上に、改まった敬称を使わなくては失礼になるのではないかと言い澱《よど》んでいるときは、年上のいとこの機転を利かせましょう。

「馬鹿に畏《かしこ》まっているじゃないか。いいんだよ、昔の言い方で。お互い、いとこ同士じゃないか。遠慮すンなよ」

「なに気どっているの。昔のようにオネエチャンと呼ばれたほうが嬉しいわよ、私は」

と、ガス抜きをしてやりましょう。

「お」のつけすぎはお手軽、足りないのはお粗末

年下のいとこは、このように言われたら尊敬語や謙譲語、ていねい語にもそれほどこだわることはありません。

敬語というと「お」や「ご」を頭につけ、語尾は「ございます」で終わらなければならないと思い込んでいる人がいますが、これも程度問題です。「ざあますが　ひとりまじって　座が白け」という川柳があるように、バカていねいな敬語は雰囲気をぶち壊します。「お」のつけすぎはお手軽、足りないのはお粗末と心得ましょう。

とくに「お(ご)」を意識するのは男性よりも女性です。ていねいな表現という意識が強いからです。ですから、「おセットですか」(美容院)、「ちょっとお出かけしてまいりますので」(団地の会話)のような「お」の過剰になります。自分が出かけるのに「お」をつけることはないでしょうに。

ところが、いくら親しいいとこの会話でも、「私など風呂あがりに枝豆なんかでビールをグイッとあけて、鮨でもつまむのが最高」などと「お」を省いて言われると、どんなに美女でも聞くほうは興ざめします。女性特有のデリカシーを表わす言葉づかいとして使ってほしいものです。

男性でも「お(ご)」のつけすぎは困ります。

「お元気そうですね。お仕事のほうはいかがでございますか」

「私でございますか。相変わらず貧乏ヒマなしと申し上げたほうが……」

ビジネス上の社交会話ならやむを得ませんが、いとこに対して使われたら相手は背中がむずむずしてきます。

「兄さん、元気そうで何より。どう？　仕事は」

「オレ？　相変わらずピイピイの毎日、なんかいい情報ないですか、ねえ兄さん」

このほうが何年ぶりで会ったとしても、一挙にその空白時間を埋めることができます。

使いすぎても一向に構わないのは「気くばり」であって、敬語はあまり気前よくばら撒かないようにしたいものです。しかし、全然敬語を使用しないのも乱暴すぎます。この判断は相互の親近感や疎遠状態をつかんだ気くばりに因ると言えましょう。

とくに注意すべきは、若い世代が親しい同年の友人に使うような、くだけた話しぶりの、いわゆる「タメ口」を年上に使っていいかどうか、です。こんな会話を想定してみてください（Aは年上、Bは年下）。

A「最近、叔父さんに会っていないけど、元気だろうね」

B「親父？　ウン、元気ですよ」

A「叔母さんも元気かな」

B「ウン、めっちゃ元気つぅかあ……」
A「それはよかった。ぼくも今は調子いいんだ」
B「そうなんだぁ。でも、それってマジ?」
A「…………………」

ま、よそゆきの白じらしい敬語は使うことはありませんが、「ウン」だの「そうなんだぁ」「マジ?」などは、お粗末を通り越して乱暴な対応になりますね。

7 どう見ても「兄弟同士」より分が悪い「いとこ同士」

兄弟・義兄弟・疑似兄弟

先の「いとこ調査」に付随して、「兄弟同士、姉妹同士という言葉にどういうイメージを持つか」を何人かに聞いてみると——

兄弟同士 —— 太い絆、力強さ、頼り甲斐、いざというときの助っ人、親身の助言者、反面教師……。

姉妹同士――きめ細かさ、思いやり、わがままの受け入れ人、いざというとき唯一の介護者、生きている鏡（自分の投影された人間）、生活必需品の交換相手、そばにいれば煩わしい・離れていればちょっと寂しい存在……

――こういう認識が返ってきました。

ところで、兄弟でも「義兄弟」というつながりがあります。一つは妻や夫の兄弟あるいは姉妹の夫を示します。もう一つは目的貫徹のため、あるいは渡世のために赤の他人が兄弟の契りを結んだ関係です。後者の義兄弟は血縁関係は全然ありませんが、兄弟の持つ太い絆や結束力に憧れて契りを結ぶのでしょう。この最高は『三国志』の主人公、劉備・関羽・張飛ですね。

子どもの世界でも少子化を反映して、保育園では一人っ子が目立ちます。東京都内のある保育園では三歳児から五歳児の各学年で縦割りの、だんご三兄弟ならぬ「疑似三兄弟」をつくっています。月に一度、この三人で遊びます。年下の子の面倒をみるのを嫌がっていた子も、一緒に遊ぶうちに連帯感が高まり、お兄ちゃんが妹をいじめる子とケンカしたり、妹のほうもお兄ちゃんだから貸してあげると、お気に入りのオモチャを譲ってくれたりする。疑似兄弟もなかなかやるものです。

人も羨む有名人兄弟

これはともかく、兄弟という言葉はなにか力強さをあらわし、人の心を掴んで離さないようです。たとえば、尾崎三兄弟（プロ・ゴルフ）、小林三兄弟（囲碁棋士）、武三兄弟（競馬）、安田祥子・由紀さおり姉妹（童謡）、萩原兄弟（スキー）、吉田兄弟（津軽三味線）、鳥羽一郎・山川豊兄弟（演歌）……。いずれの方々もすばらしい活躍です。

しかも彼らは同じ道を進んでいるのですから、世人は羨望の念すら持ちます。口さがない街のスズメたちは彼らの栄光は天分があったからだとか、彼らは生まれつきDNA（遺伝子）が違うのだ、などと無責任なことを言います。しかし、世間の好奇心に耐えて兄弟姉妹というしがらみの中で互いに励まし合いながら、血の出るような努力をしたことを認めるべきです。

同じ兄弟や姉妹でも、それぞれが違った仕事で業績を上げて評判が良く、周囲から尊敬されるならば、「さすがに○○兄弟は違う」とか、「△△姉妹はたいしたものだ」となります。あるいは、兄と妹が大赤字を出して倒産した親父さんの店を見事に立て直したとか、兄と弟が力を合わせて起業に成功したなど、街で出世美談として語られている例は枚挙にいとまがありません。

はじき飛ばされるいとこ

話は飛びますが、バブル崩壊後に今までは互いに相手の会社に出資し合って製造と販売を分離していた極めて親密な会社同士が合併して、一つの会社になる例は少なくありません。本書を執筆している最中にも、老舗の大手オフィス家具会社が合併する記事が新聞に載っていました（〇四年六月二十五日、『日本経済新聞』）。その見出しに曰く。

〝「兄弟会社」製販一体に〟と。これは極めて親密な二つの会社を兄弟と言い表わしたわけです。そして、合併後の新社名はどちらかの旧会社が受け継ぐのが通例のようです。

一方、設立時に「兄弟」という言葉を堂々と社名に入れた会社があります。大正九年（一九二〇年）に設立された、株式会社近江兄弟社（滋賀県近江八幡市）です。私たちが子ども時代に手足を擦り剥いたり、虫に刺されたとき祖母や母親から塗ってもらったメンソレータム（皮膚薬）の会社です。ちなみに、同社の製造したものは現在ではメンタームと改名しています。

社名に〝兄弟〟を入れるなど、現在では街でもマスコミの広告でも見かけたことはありませんが、私などはその経営者はどんな顔をした兄弟だろうかと余計なことまで想像する始末です。その反面、「いとこ」を社名に入れた会社を見かけたことは皆無です。「〇〇いとこ商会」「△△いとこ社」では、兄弟のようにピリッとしたイメージが沸かないのかもしれません。それだけ「いとこ」には「兄弟」のような力強さはないようです。

演歌の「兄弟酒」「兄弟船」の歌詞では、理屈抜きの兄弟の力強さや結束力といったものが漂っています。しかし「いとこ酒」「いとこ船」という唄は聞いたことがありません。もしあったら、どんな内容の歌詞になるのでしょうか。

互いに肝胆相照らす仲だと、自他共に認め合った男同士が肩を叩き合って、義兄弟の仲になる例はあっても、義理のいとこになるという話は聞いたことはありません。いとこという関係も拘束力が弱いのに、義理のいとこなどという、奇妙奇天烈な得体の知れない名称の意味するものの実態が浮かんできません。

いとこ同士の関係はどのように脚色しようと兄弟に比べて遥かに弱いと思ったのでしょう。「兄弟仁義」（作詞・星野哲朗、作曲・北野じゅん、唄・北島三郎）では、

♪　親の血をひく兄弟よりも
　　かたいちかいの義兄弟
　　こんな小さな盃だけど
　　男いのちをかけてのむ

――で、片方の親の血を引くいとこの存在は簡単に弾き飛ばされ、まったく赤の他人との信頼や連帯感を大きく掲げています。いとこの存在は眼中に置かれていません。

8　企業城下町にはいとこ同士が多く働いている

血縁関係者の多い現地工場

大企業の現地工場に研修や講演にうかがうと、千人以上の工場従業員の中に親子、兄弟姉妹、伯父～叔母、甥、姪などが数多く働いています。正社員ばかりでなくパー

トやアルバイト、期間社員も含めると、相当な数になります。ということは、いとこ同士はもっと多いと推測できます。

役員や上級管理者は本社から派遣されていますが、事務職や生産部門、流通部門で働くマネジャーや一般社員は、生まれたときから同じ市町村に住んでいるのですから、血縁関係者が多数いても不思議ではありません。

さらに大企業になれば付近に関連企業を集積する傾向があります。するとそこにも血縁関係者が働きます。かくてその地域は「企業城下町」になり、従業員も上司、同僚、部下というドライな関係の中に、親戚、一族というウエットな関係が介在します。

本社から赴任した工場人事課長氏に配置や配置転換のとき、こういう血縁関係に配慮するのか聞いてみると、親子、兄弟姉妹の場合は同一部署の配置はしないが、ほかの場合はそんなに気をつかいません、ということでした。それはたしかに、たとえば特機課の中に父親と娘、原価計算課に兄と妹（姉と弟）がいては困ること、やりにくいことも少なくないでしょうから。

ウエットな関係もいいもんだ

私たちも、と課長は続けます。

「親子、兄弟は顔がどことなく似ていたり、昼の大食堂でいっしょに昼食をとっていたり、私などもときどき隣席から彼らはカクカクだと耳打ちされるのでわかります。しかし伯父・姪とか叔母・甥の関係になると、向こうが言ってくれなければわかりませんね。

まして、いとこ同士では名字も違っているので全然わかりません。彼らも互いにあまり血縁を意識してはいないようです。周囲も特別な目では見ていないようです。ですが、そこは彼らは赤の他人同士ではないので、所属する部の納期や小集団活動なんかでは互いに助言し合ったり、周りから無視されないように積極的に提言したり、援助し合っていますね」

「それに……」と、課長は含み笑いをしました。

「掲示板や通達、回覧、メールでの連絡など、工場レベルでのコミュニケーションよりも、彼らの間に流通する情報のほうが速いですよ。ですから上からの連絡などは、場合によれば彼らのネットワークに乗せたほうが、確実に伝わることがあります。本社のドライな人間関係の中にいるより、私などは羨ましいかぎりですよ」
ヒューマン・リレーション（人間関係）よりも前に、「ブラッド・リレーション（blood relation＝血縁）」ありき、という次第でした。

事実、いとこや兄弟の親が事故や病気のときに、残業や休日出勤を代わって担当したり、工場主催のレク活動や文化祭には手分けして大ぜいを動員します。忘年会をいとこや兄弟同士の本家筋で実施して上司を招き、単身赴任の彼におふくろの味に舌鼓を打ってもらうなど、〝血縁城下町〟ならではの演出も可能です。

ですが、工場が全面的閉鎖や縮小で、全員解雇（一部残留）といった驚天動地の事態に直面したとき、今までの麗しい血縁関係にそれがどういうふうに影響するか、生活をどう防衛するかを考えておく必要があるでしょう。なまじっか赤の他人同士の従業員関係ではないだけに、互いにドライには振る舞えないでしょうから。

事は同じ大企業で働くいとこ同士ばかりではありません。大企業が存在するから潤っていた地元の商店街。そこにも、いとこや兄弟がいます。賑やかだった商店街が閉鎖や縮小で、一挙に「シャッター通り」になる可能性は無きにしも非ずです。

9　同族企業で働くいとこの悲哀

日本的経営の強さ――同族企業

日本の中小企業、零細企業、それ以下の微粒子企業では、資本と経営は大企業のように分離されていません。つまり、資本家＝経営者（社長）で、これが日本的経営の強さと言われます。社長は創業時から寝る間も惜しんで働き続けます。当初は会社を自分と女房で始め、信用もつき取引も増え何人か新しい人を採用するうちに、会社は軌道に乗り始めます。次第にこうもしたい、ああもしたいと夢が膨らんできます。同時に自分の創業した会社をいつかは血のつながった息子に承継してもらいたいと望むのは、親として当然の人情でしょう。これが、日本の中小企業以下のほとんどの会社が同族で承継されているというゆえんです。

ですが、息子はまだ若い。自分の目から見るとまだまだ甘い。自分はもっと多角的に経営に取り組みたいので、自分の活動を支えてくれる人物がほしい。それにはまったくの赤の他人よりも気心のわかっているいとこに会社の一翼を担ってほしいと考えるのも、これまた当然です。そこで、いとこが呼び込まれます。

いとこ経営の「実」と「虚」

（1） 社長には娘しかいないので、後継者（次期社長）という含みで
（2） 息子の教育係として
（3） 自分の補佐役として
（4） 息子が経営者となる前の〝中継ぎ〟社長として

こういった展望で、大企業やほかの中小企業に勤めていたいとこをスカウトします。条件としていきなり部長や役員に据えられることがあります。あるいは、いとこが税理士や社会保険労務士などの資格を獲得して、そろそろ起業したいと相談したときに口説いて入社させることもあるでしょう。

ご本人は有頂天になるかもしれません。「おれにも陽が差しはじめた。よおし、やるぞ」と。ですが、私の診るところではほとんど失敗しているか、悶々としてくすぶっていることが多いようです。たとえば、（1）の次期社長という含みですが、岡本誠二さん（五十代、仮名、以下同）は三年ほど部長職で頑張りましたが、社長からはそれらしい話は匂ってきません。雑談のようにそっと切り出したところ、

「ウン、いつかキミとじっくり話そうと思っていたんだが、娘もやっと縁談が決まっ

てね。相手の男はわれわれとは違った発想や行動力があるんだ。彼はいま証券会社にいるんだが、わが社に入社させて苦労させ、次期社長にしようと思うんだ。キミの考えはどうだ？　できればキミには専務として活躍してもらいたいな」
「やはり、いとこよりも実の娘が可愛いんですな。いとこなんて、体よく使われる存在ですよ」とは岡本さんの弁です。
（2）の息子の教育係として、ということも、社長は自分では息子に強いことが言えないので、息子から見ればいとこ小父に当たるの柳井邦彦さん（五十代）はいとこ小父に当たるので、社長の意図することを代弁させるつもりだったのです。一応は総務部長という肩書きですが、実際は「何でも屋」でした。人のいい彼は社長と社員、取引先、息子の間に挟まって、とうとうノイローゼになってしまいました。

（3）の社長の補佐役といっても漠然としています。竹内正二さん（四十代）は税務、経理のベテランです。「どうだ、うちに来ないか。思い切り腕を振るってみろよ」の言葉に、前勤務先からは強く引きとめられましたが、やり手のいとこのもとで頑張るつもりで転進しました。

結果は、脱税や社長の交際費の上手な処理が主たる仕事でした。何度も違法行為はやめるように注意したのですが、社長は聞き入れません。思いきって彼は退社しました。二年後に会社は脱税で挙げられました。「キミが税務署に密告したんだろう」といやみを言われ、今ではいとことして交際はしていません。

（4）の中継ぎ社長としてという言葉はたしかに魅力的です。長谷川栄治さん（六十代）は何回かの社長の説得に負けました。「いいかね、ウチみたいな零細企業の社長というのは、金融機関に個人保証をしなければ借り入れできないんだ。キミは次期社長だ。銀行に実績を見せてやれよ」と言われて、自宅の個人資産を担保にしました。業績は思わしくなく、とうとう最悪の事態です。

「社長が私を騙したとは思いたくありませんがね。私もどうかしていたんですね。まさか社長がいとこを食い物にするとは」

弱々しく語る長谷川さんの瞳には全然生彩がありません。

人には「感情」があるが、企業には「勘定」がある

いとこ同士が同じ経営内で幹部として働くことは、会社の発展ばかりでなく同じ血縁同士のやりがいが感じられます。しかしここで述べたように、意図したこととまったく逆の現象もあります。そのときはいとこなるがゆえに他人には言えない憎悪や悔恨もあるのです。

こういう悲劇は経済合理性よりも「情実」が介在するところに発生するからだ、と私は考えるのですが。情実とは「オレとオマエの間柄」「恩」「貸し借り」「しがらみ」「本家・分家意識」「アウン（阿吽）の呼吸」などです。

もちろん、いとこの言葉を信じて入社し、会社を順調に発展させている人も少なくありません。本人も転進してよかったと社長に感謝するでしょうし、社長も自分が見込んだだけあって良かったと、微笑むでしょう。こういう間柄は経済合理性に基づい

て、極力「情実」を表面に出さないように努めたからではないでしょうか。人は「感情」の動物ですが、経営にタッチするなら、感情よりもそろって経営体の「勘定」を先に立てなければ、大企業、中小企業、零細企業等の規模を問わず二十一世紀には生き残れないでしょう。

10 小説にほとんど登場しない「いとこ同士」

コミック『いとこ同士』を読んで

カラオケに行くと、よく次々と新曲が出るなぁと感心するほど、毎月のように新しい歌がお目見えしています。あるカラオケ・ルームで膨大な数の曲の中に「いとこ同士」がありました。一つは『いとことふたりで』(さねよしいさこ作詞・作曲)。もう一つは『いとこ同士』(ムーンライダーズ)。こういう曲は正直言って私のような老兵には肌に合いません。同席した週刊誌の若い女性記者に聞いてみると、両方とも人気のあるシンガーとか……。歌曲に「いとこ」が取り上げられるなら、図書にもあるはずです。

私の研究不足を棚に上げておいて言う失礼はお許しいただきたいのですが、読書界でおとなの観賞に耐える「いとこもの」の図書はあるのでしょうか。私の知る限りでは『いとこ同士』というコミック誌が数冊刊行されているだけです。あるいは月刊誌の小説に、ときどき単発に読み切りとして登場するくらいです。単行本のコミック誌から二冊とり上げてみましょう。

いずれも読者対象を若い世代に置いていますが、内容は感動青春物語といいながら、一冊は中学二年生のいとこ同士の恋物語（有羽なぎさ著『いとこ同士』講談社）。もう一冊は若いサラリーマンのいとこ同士のホモ物語（？）といってもいいもの（今市子著『いとこ同士』ムービック）で、読んでみればもう私には甘ったるくて感傷的でついて行けません。しかし両著とも発売一年後には重版されているのですから、かなり若い読者がいるのでしょう。

成人になっても、幼少年少女時代のいとことの忘れられない懐かしく楽しい思い出は誰にでもあります。ですが、それを回顧したり、その延長線上でのストーリーを繰り広げるコミック的な図書だけでは寂しいかぎりです。

現実には成人後のいとこ同士の華麗にして壮烈な、あるいは心温まるストーリーがビジネス社会、地域社会を問わず、いたるところで展開されています。この中にもいとこ同士の相克や歓喜があるはずですが、ノンフィクション（伝記、回想録、現地報告等）ではあまり見当たりません。それならば、というわけではありませんが、すぐれた作家の筆の冴えで、いとこ同士を扶ったフィクションの作品をもっと登場させてほしいものです。そうすれば、現実のいとこ同士はもっと力を持ったり、互いの関係を見つめ直すのではないでしょうか。

もしも武蔵とお通がいとこだったら

国民的文学として広く読者層を掴んでいる吉川英治さんの『宮本武蔵』に、少年期から小説の最後までずっと登場する武蔵・本位田又八・お通は互いに幼なじみという設定です。この三人の関係を、たとえば武蔵と又八をいとこ（従兄弟）に、あるいは武蔵とお通をいとこ（従兄妹）に仕立てたら、小説はどういう展開になるでしょうか。そういう作品を読みたいと思いませんか。

数々の逆説的歴史小説を発表して好評を博している井沢元彦さんは言います。「歴史上の人物を悪人に見せかけたり、善人に見せたりする、これはフィクションを操るものにとっては自由自在なんです。少なくとも小説ならどう書こうと作者の自由です。

ただ、本当の歴史と混同してはいけない」と。ですから、作者は登場人物をどのように扱おうと自由なのです。

伊達騒動（一六七〇年代、仙台藩伊達家に起こった家督相続をめぐる家中の争い）

について、私は三人の作家の小説を読んだことがあります。この中の立役者の一人、家老の原田甲斐を、志賀直哉さんは『赤西蠣太』の中で悪人として描いています。しかし山本周五郎さんは『樅の木は残った』の中で忠臣という立場を取らせています。さらに森村誠一さんは『虹の刺客』で、彼を悪名は高いが騒動の一方の野望を砕くために力を注ぎながら、自分の野心を実現しようとした男として扱っています。主役の描写はとどのつまり作家の思い入れや人生観、人物観の投影ではないでしょうか。

とすると、もっと作中に「いとこ同士」がいてもいいはずですが。それによって、作家の見る「いとこ同士」から、いとこのあり方や考え方について大きなヒントが得られると思うのです。それにしても実に「いとこ同士」は作中に登場しませんね。

ですから、松本清張さんの推理小説『眼の壁』は圧巻でした。手形のパクリ詐欺をもくろんだ右翼の巨頭、船坂英明と彼の部下健吉、それに得体の知れない美貌の絵津子の三人が実は「いとこ同士」でした。しかし、三人の関係を最後まで伏せていた作者の筆の運びにはアッと驚かされました。もう一度、全編を読み返したほどです。あなたも愛読書の主な登場人物を「いとこ同士」に設定し直してごらんなさい。きっと人物評価が変わるはずです。

11 「バーチャルいとこ」を設定すると、いとこ像が見えてくる

寅さんにいとこがいたら

小説のついでに映画にも登場してもらいましょう。ご存知の国民的喜劇映画『男はつらいよ』（監督・原作、山田洋次。主演・渥美清）です。

全四十八作の中の主要登場人物は、まず車寅次郎。彼の伯（叔）父・伯（叔）母の東竜造、同つね。妹の諏訪さくら、その夫の博、子どもの満男。この六人が血縁関係です。彼ら五人はいつも寅さんの行動に頭を痛めていますが、もし寅さん（さくらさんも含めて）にいとこがいたという設定をすると、俄然、この人情喜劇映画は様相が変わってくるでしょう。いとこに寅さんがどういう対応をするか。

また、この映画には一作ごとに必ずマドンナ（恋人）が登場するのはご存知のとお

りです。恩師の娘あり、旅館の女将あり、旅先で知り合ったＯＬ、ナース、芸者、甥（満男）の先生のお母さん、化粧品のセールス・レディ、女医、デパートの店員、港町の理容師……。いちばん数多く登場するのは、旅回りの売れない歌手リリーですが（四十八作中の中で四回登場）、寅さんとリリーはいつも意地の張り合いで、周りをドキドキ、ハラハラさせます。

このリリーが寅さんのいとこだとしたら……どうなるか？　いま思えば山田監督にそれを期待したいところでしたが。

さて、長々と小説や映画について私見を述べましたが、文学作品にいとこが登場しなければ、私たちが公私の日常生活で触れ合う機会の多い人を、あなたの「バーチャルいとこ」にしてみたらどうでしょうか。バーチャル・モールやバーチャル・カンパニーがインターネット上の商店街や会社なら、バーチャルいとこは仮想現実的いとこということになります。

企業研修にロールプレイングがあるなら、独りでするロープレがあってもいい

好意の持てる上司や同僚、得意先、趣味の仲間、反対にどうしてもウマが合わない上司たち、顧客、ムシの好かない地域の人などを、あなたの〝仮想いとこ〟として頭の中でアレコレと触れ合いの仕方を考えてみるのです。いとこだったらここまではやむを得ないだろうとか、いとこならこれくらいの無理は聞いてもいいかなとか……。結構、楽しめますよ。独りでするサイコ・ドラマ（心理劇）と言ってよいでしょう。

サイコ・ドラマはオーストリアの心理学者モレノによって創案されました。ある舞台女優でいつも生娘（純真な乙女）役を演じていた彼女に、毒婦の役を振り当てたところ、いままでうまくいっていなかった彼女の結婚生活がよくなった事実から、モレノが思いついてつくったと言われます。この心理劇は自分で劇の筋を作り自分で演ずることに特徴があります。日本には一九五〇年代に紹介されました。企業の社員研修では「ロールプレイング〈ロー・プレ〉」と呼ばれて成果を挙げています。

セルフ・ロープレでいとこ像がつかめた

定年退職後に二年間の限定つきで、嘱託社員（パート）として働いている元・管理者、横井民雄さんに、私がこんなバーチャルのやり方があると申しあげたところ、今までだったらムッとすることを言われればすぐやり返していた彼が、内心では〈こいつがオレのいとこなら〉と考えながら対応するようになったとか。

周囲も元管理者を逆に使う立場になったのですから、戸惑いもあったに違いありません。それが「横井さんも定年後に人間が練れてきましたね」と評価するようになったそうです。こういうときも、年下のいとこを想像して相手に、「よく言うじゃないか、コイツ」と混ぜ返すことで、互いに新しい打ち解け合いがあると言っていました。「いとことの触れ合いを改めて勉強しました。それに、いとこ像といったものを自分なりに設定できました」とは横井さんの弁です。

考えてみてください。現役で有能だったから中高年の体格的特質、すなわち短足・猫背・メガネ・バーコードの頭髪・重力下降型でも、どうということもなかったし、逆に尊敬や敬服もされました。でも実際に肩書きがはずれ、かつての権限も行使できなくなれば、体格は醜いハダカ同然です。周囲の評価を覆すのは何事につけ、ご本人の意識改革しかないのではありませんか。

第3章

あなたと私の合い言葉　いとこ会で逢いましょう

1　誰かが呼びかけなければ「いとこ会」は始まらないが、さて反応は

総論賛成、各論反対はいとこ会にも

落語に出てくる無精者同士の会話です。

「おい、どうも退屈だなあ。どうだい、無精会てえのをやろうじゃねえか」

「よせよ、めんどくせえ」

誰かがいとこ会をつくろうと呼びかけたとき、この無精者のように「よせよ、やめておけよ。面倒だよ」と一言の下に否定されることはまずありませんが、反応はいくつかに分類されます。すなわち、

1　積極的推進派
2　現状維持派
3　消極的否定派

呼びかけ人が嬉しくなるような積極的推進派の声には、次のようなものが見受けられます。

「いいね、おれは前からそう思っていた」

「私もいとこ会があったら楽しいだろうなと、ときどき考えるのよ。会ができたら何をおいても参加するわ」

「そうだよね、いとこだけで楽しくパーッとやる会合があってもいいよね」

「友だちがいとこ会をやっているんだ。おもしろいといつも自慢しているよ。そんな話を聞くと羨ましくてなぁ。じゃ、おれたちもつくるんだな、よぉーし、やるぞ」

「今の時代、いつ、何が起こるか分からないでしょう。血のつながった人同士が結束すればお互い心強いわよね。私、大賛成よ、いとこ会」

このようにみんな眼を輝かせてくれれば嬉しい限りです。事実「待ってました」とばかり、その後スイスイ事が運び毎回楽しい会合を持っているいとこ会もあります。きっと彼らは苦笑しながら「なぜもっと前に結成しなかったのだろう」と反省(?)しているでしょう。

では、「いいねえ、やりたいな」「大賛成だよ。早く集まりたいね」と乗り気になっている人に、呼びかけた人が、「ついては、会をつくるのに発起人や幹事になっていろいろ計画を練ってもらいたいんだ」と言うと、先ほど双手を挙げて賛同した人が、たとえば次のように答えるならさらに一層の積極的推進派です。

「ウン、いいよ、オレでよかったら何でもするよ、遠慮しないで指示してくれや」

「いいわよ、私などアタマわるいから会の企画や運営はだめだけど、事務的なことなら何でも引き受けるわ」

「ふだん、みんなにご無沙汰ばかりで不義理をしているから、罪ほろぼしのために力いっぱいやらせてもらうよ」

「みんなも知っているように私は数年前に定年になって、今はカッコよく言えば悠々自適の毎日だ。時間はタップリあるから、いとこ会に余生を捧げるよ」

このように、みんなが協力体制なら、呼びかけ人はホッとします。頭の中はもう来たるべき第一回の会合に夢を膨らませます。もちろん、他のいとこたちも。

でも「総論賛成、各論反対」ではありませんが、「ついては……」と話が一歩先に進みそうになると、逡巡したり後退する人も現われます。

「オレみたいな事務的な能力のない男はかえって足手まといになるんじゃないかな、幹事は遠慮するよ」

「頼まれればしないわけにはいかないと思うが、なにせ毎日雑用に追われていてね、かえってみんなに迷惑じゃないかな」

「私もみなさんのお手伝いができればいいんですけれどね、育児やパートの仕事で手一杯なんです。それに年寄りがいるでしょう、このごろ老化が目立って進行してきたもんだから眼が離せないのよ。ゴメンナサイ、でも必ず会合には出席はしますから」

「おれみたいな、人の上に立ったことがあまりない人間にそんなこと言うなんて、いとこ会も貧相になるぜ」

「アンタが言ったんだからやってくれよ。頼むよ、当てにしているからさ」

いとこ会ばかりでなく、いろいろな会合の発進時には、こういうように誰かが引っ込み思案になると、次々と理由をつけて役回りを回避しようとする人が出るものです。なかには、その場にいない人のことをチャンスとばかりに言う手合いもいます。

「ホラ、発起人や幹事にふさわしい人がいるじゃないか、○○クンなんか適格だよ。だいたい彼は会合や飲み会を仕切るのが好きだからな」

先ほどみんなは何と言ったでしょうか。「おれは前からそう思っていた」だの、「よぉーし、やるぞ」「会ができたら何があっても参加する」だの、「心強い」だの、まったく呼びかけたほうは腹が立ちます。結局は誰かがお膳立てしてくれれば、それに乗ってもいいということか、と毒づきたくもなります。

現状維持派の声、消極的否定派の呟き

次の現状維持派の声は、

「いとこ会があれば楽しいけれど、そのためだけに集まるのはどうかな。かなり遠方のいとこもいるし……。今日のような法事に集まれば、それでいいんじゃないか」

「わざわざ集まらなくても……。今までだって、それで不都合はなかったじゃないか」

「そのいとこ会がずっーと続けばいいけれどね、珍しもの好きで一、二回やっていつの間にか開店休業というのは、かえって恥さらしだぜ。今までどおり親戚の法事や新築祝い、快気祝いなどで、集まれる人が集まればいいよ」

「いとこ会などと大げさに格好つけなくてもいいと思うけれどね。いとこ会など、なくても別に不自由していないもの」

と、現状に不満がない人ほどコンサバーティブ（保守派）になるようです。

さらに、私の知るかぎりでは積極的否定派はいないようです。真っ向から否定するには大義名分が立たないのでしょう。そのかわり消極的な否定は少なくありません。

「いとこ会などと大見得を切っても、いったい何をするのか、不安を感じる人が多いと思うよ。新しがり屋になることもないと思うがねえ」

「今までだって用事や連絡したいことがあれば、メールや電話でコミュニケーションをとっていたのだから、必要ないんじゃないの。それに、つくれば無理しても会合を持たなければならなくなるでしょう？」

「会をつくれば会長とか世話役、幹事を決めなければサマにならないでしょう。みんな仕事や家庭的なことで忙しいのに、また余計な役目を押し付けられて大変じゃないかな。いとこ会がなくても別に日常困らないし……」

「学校のクラス会、職場の懇親会、地域の連絡会など、結局は男性中心になって、お決まりの飲み会やカラオケでしょ。いとこだけで集まって飲むためのお墨付きに、いとこ会が利用されるんじゃないかしら。ウチのいとこたちならそうなる可能性があるわ。ワイワイ騒いで飲むためなら要らない、と私は思いますけど」

と、結局は煩わしくなるのはいやだとか、一部の人の楽しみのためにつくるようなものじゃないか、それならないほうがいいという言い分です。

さあ、「いとこ会」の結成を呼びかけたとき、いとこたちからこのような積極的推進以外の声が出たら、あなたは「そうだな、みんなの言い分も無理ないな」と結成を中止しますか。

あるいは内心「どうもウチのいとこ連中は、いとこ同士という結束感が稀薄だな。よし、それじゃオレもそれなりにつき合うよ。一人で力んでも意味ないからな」と白けますか。

それとも「よし、それならみんなにいとこ会の必要性やすばらしさを納得してもらう」と、さらに奮い立ちますか。

では次に、いとこ会を立ち上げたのはいいとして、失敗した例をあげておきましょう。

2　こんなはずじゃなかった――発起人の嘆き

〝召集をかければすぐ集まる〟か？

池内靖男さん（仮名、以下同、五十代、会計事務所所長）はときどき会社の税務について質問しに来る、いとこの桑田太一さん（五十代、機械部品会社、経理部長）と話が終わると、そのつど駅前に出ては赤提灯で飲んでいました。

ある夜どちらが言い出したともなく、いとこが全員揃って食事会など持てたら楽しいだろうな、という話になり、桑田さんは「ウン、いとこ会というヤツだな、よし、乗りかかった船だ、最初はオレに任せてくれ」と胸を叩いて請け負ってくれました。いとこは彼らを含めて男性五人、女性四人（一人は池内さんの妹、矢野姓）です。大阪の会社に勤めている永井衛さんを除いて全員都内と近県に住んでいます。

桑田さんは二〜三日後に早速みんなにハガキで連絡しました。要旨は次の通りです。《ご無沙汰しておりますがいかがですか。先日靖男クンと会った折、久しぶりにいとこの皆さんと夕食をともにしながら歓談したいということになりました。ついては日時・場所・会費は……。突然で恐縮ですが、万障お繰り合わせの上ご参加ください。なお、本状到着を見計らって私より各位に電話でご都合を伺います》

結局、みんな都合をつけて出席するとのことでした。ただ永井さんはこの日に東京支社で会議があって上京するが、今のところ出席できるかどうか分からないと言います。

結果からいうと、慌しく決定したこともあって、予約した小料理屋に時間通り集まったのは池内、桑田、矢野（女性）の三人で、永井さんはかなり遅れて、合計四人でした。拍子抜けしたのは桑田さんと池内さん。なかでも桑田さんは出鼻をくじかれたような不満顔です。女性の中には「ウイークデイの夜に主婦が出かけることはできない」と連絡してきて、かなり不平を述べていたと、席上で桑田さんはご機嫌ななめです。

でも一別以来ということで一応、席はにぎやかでしたが、次第に発起人の二人ばかりか参加者も釈然としない様子です。でも、そこはお互い大人同士。次回はもっと盛り上げようということで散会しました。桑田さんは散会後、都合の許す人とカラオケで二次会という計画を立てていたのですが、みんな用事があると散ってしまいました。

残った池内さんは桑田さんをその近所のスナックに誘いましたが、そこでも桑田さんのボヤクこと、ボヤクこと……。

曰く「あれからさっそくハガキを出して、そのあと電話で連絡したんだ。『いいねえ、必ず出るよ』と言ったススム君は先ほどオレの会社にメールを送ってきて、急に都合がつかなくなったから不参加と言うんだ」

曰く「オレだって忙しいのに幹事を引き受けたんだから、少しはこっちに協力してもらいたいよな。今晩の会場だってオレの会社でときどき利用しているから、便宜をはかってもらったんだ」

曰く「今回はオレの一存ということで決めたのがミスだったかもしれないが、法事以外にいとこが集まるなんて今回が初めてじゃないか。その手配に少しは感謝してもいいと思うよ。一言ご苦労さまくらい言ってほしいもんだね」

黙って聞いていると、桑田さんのボヤキはますますエスカレートするばかり。池内さんはだんだん今晩の不調が読めてきたので口を切り出しました。

「あんたがオレに任せてくれと言うから、つい甘えてしまったが、ちょっと急ぎすぎたきらいもあると思うんだ。もう少し二人でじっくり話し合ってから実施すべきだったね。ターちゃん、そう思わないか」

「話し合うって何を、さ」

「久しぶりだから会って飲もうという一過性の集まりでいいのか。それとも、これからずーッと継続して集まろうというのか、つまり、いとこ会といったものをこの機会につくるのか、つくったら何をするのか、などだよ」

「いとこが集まるというのは、そんな面倒くさいことをしなければいけないのかね」

「いけないということはないが、集まったらやはり、こういう人たちといとこになれて幸せだという実感がほしくないか」

「そうなればいいけれどねえ。でも、きょうの雰囲気じゃ、なんかみんな迷惑そうだったじゃないか。ガッカリしたよ、正直いって」

池内さんはラチが開かないので、打ち切るように言いました。

「ソレも結局はオレたち二人の演出不足だな。だから今晩のことは白紙に戻して、あらためていとこ会について構想を練ってみようよ。あんたがそんなこと必要ないというなら話は別だけどさ」

やってみなければ始まらない、しかし……

このように単に「久しぶりだから集まろうや。集まるだけでもいいじゃないか」で、召集をかけて集まってもらっても、結果的には費用倒れになったり、主催者のずさんな計画だと叩かれたりして、次回からは出席者激減という結果になります。

逆に「参加してよかった」「たびたび実施してほしい」「次回が楽しみだ」「お互いの風通しがよくなった」と、出席者から主催者や幹事が感謝される会合にしたいものです。

紀元前三〇〇年以上も前の古代ギリシャの哲学者、アリストテレスの数々の箴言《しんげん》は、現代でもハッとさせられるものが多いのですが、その中の一つにこんな言葉があります。「あることを行なうためには、それを前もって学んでいなければならないが、それが学ばれるのは実際に行なわれることによってである」

つまり「やってみなけりゃ始まらない」のです。ですが、やみくもに衝動に駆られてやってみるよりも、現段階で考えられる最高のプランを練って取り組む必要があることは言うまでもありません。それでも数々の障害や壁が立ちはだかるものです。そのとき、それらをクリアする方法を生み出さなければなりません。第二案、第三案を考える意欲が必要になります。

「苦境を味わう気持ちになったとき、すでに問題は解決に向かっている」という言葉があります。ただし、苦境に直面して腹を立てたり、周囲に八つ当たりするだけでは解決できません。いま起こっている事実を素直に認め、困難や苦境の原因を真摯な気持ちで探り、その上でそれに立ち向かうことです。

きっと桑田さんは捲土重来を期するでしょう。

3　そうは問屋を卸させるには

趣意書だけで集まると思うのは早計

呼びかけ人が一人ひとりに会って「いとこ会」の趣旨を話せばいいのですが、いとこの人数が多ければ時間がかかります。そこで手っ取り早く趣意書をつくって全員に配布して賛否を問うた場合、真っ向から反対されることはまずありません。「ご苦労さまです。どうぞよろしくお願いします」と外交辞令の返事があっても、では呼びかけ人の意図したように、第一回の会合に喜び勇んで出席してくれるかどうかはビミョウです。

私の知っている例では、いとこ同士、互いに連絡し合って腹の探り合い。

「ねえ、ミツオさんからいとこ会をつくったという手紙が来たけれど、あんた出る？」

「考えているのよ。それよりもミツオさんのお兄さんのカズオさんはそのことを知っているのかしら。カズオさんは長男でしょ」

「そうね、筋からいうとカズオさんがやるべきね。あの人たち急に何を考えたのかしら」

と、懐疑的になったり、

「手紙一本で召集をかけるようなことをして、ちょっと事務的と思わないか」

「私もそう思っていたんだ。だいいち、ミッちゃんやカズさんの伯父貴はこのことを知っているのかな。伯父貴はその会合に出るのかい？」

「それは知らんな。それよりも、手紙を出したが読んでくれたかくらいの電話をかけてくるのが礼儀だろうに」

もちろん、世の中には趣意書だけで時宜にかなった会合と喜ぶいとこもいるでしょう。ですが、趣意書が立派であればあるほど、手紙一本で押し付けられたと拗《す》ねる人もいることを考えておくべきです。下世話に曰く「そうは問屋が卸さない」と。

別の例では、趣意書を受け取ったいとこの中には、あいつはとうとう新手の「パーティ商法」のお先棒を担ぎ始めたのではないかと警戒したとか……。趣意書を出した船越浩昌さん（仮名、四十代、鉄鋼商社）は苦笑して言いました。

「私の文章ではないような美辞麗句の入った趣意書だったので、おかしいと先走りしたんでしょうな。もっとも趣意書の内容の大部分は、私の会社の販売企画部で筆の立つ男のヒントですが……」

やはり対面して話すのが一番の近道

いとこの人数の多寡にかかわらず、会って話すのが最上ですが、問題はダレがダレに話すべきかということです。あなた（A）が担当したとします。よし、じゃ、Bに持ちかけてみようとしても、あなたとBはほかのいとこよりも親しい間柄としても、Bはいとこの中で一番年齢が若く羽振りが利きません。となると、結果はどうでしょうか。

一方、あまり親しくなくてもCはいとこの中でも年長者で、割合、この種の集いに興味を持つタイプなら、まずCに持ちかけてみます。一般的にいうと、いとこの中で、

・本家筋に当たる人
・年長者や長老と言われている人
・ほかのいとこと割合に日常の接触が多い人
・積極的で外向性の人
・伯父～叔母の雑談に比較的多く名前が登場する人
・冠婚葬祭にきちんと取り組む人
・ほかのいとこと物理的に近い人（遠方でない人）
・大ぜいで集まって賑やかに過ごすのが好きな人

こういう範囲の中から、ここにあげた三項目以上に該当する人にアタックしてみます。きっと期待に応えてくれるでしょう。

ところで次に問題になるのは、ターゲットにしたいとこにイツ、ドコで話すかということです。突然電話して会う日を約束し、思いつきの場所で話すのは芸がありません。一番いいのは親戚の冠婚葬祭、たとえば一番若いいとこの結婚披露宴や伯父～叔母の年忌などが終わって、控え室で暫時くつろいでいるときなどがグッド・タイミングでしょう。周囲にいるのは親戚同士ですから。

しかし、あなたが「ちょっと聞いてくれるか、いとこ会のことなんだ」などと切り出すのでは改まりすぎます。

「こんな話をこのごろよく聞くんだが、みんなはどうだろうか？　というのはね、友人が最近、いとこ会っていうのをつくったらしいんだ。きょうここでみんなに久しぶりに会えたので、フッとそれを思い出してね」と、まずは第三者の話をしているんだと、切り出してみることです。すると必ず反応があります。

「そういえば、オレの会社の同僚も先週、今度の土曜日はいとこ会だなんて嬉しそうに話していたな」「私もいとこ会という話をときどき耳にするけれど、どういう会なのかしら」

など。場合によれば列席している伯父～叔母の中からも話が飛び出るでしょう。

「そうそう、先々週の日曜日に隣の家で、そのいとこ会というのがあってね、それは賑やかだったわよ」

こうなればしめたものです。先の項目に該当する人を中心にして話を持ちかけてみたらどうでしょうか。その人が乗り気になっていればいるほど、反応や質問はあなたに集中します。やる気になっている証拠です。

呼びかけ人の心得

あなたが結成を呼びかけようとして、いとこから「いとこ会をつくるというアイデアはいいね。で、そのいとこ会で何をやるんだい？」と聞かれたとき、次のような醜態を演じてはなりません。

「ウン、それをみんなで練っていけばいいいと思うんだ」

とか、

「まだそこまでは考えていないんだ。みんなで決めればいいんじゃないかな」

「いとこ会っていうのがあれば楽しいかなと思ったんで」

これでは、あなたの単なる思いつきか気まぐれとして失笑されるだけです。

・何のためのいとこ会なのか（意義）
・具体的にいとこ会として何をするのか（その活動）
・いとこ会はどうしても必要なのか（存在理由）

この三つのポイントを、いとこの顔や性格、親戚のムードを思い浮かべながら、あなたなりにしっかり決めてください。

そして、この三つのポイントを説明するとき、相手に押しつけるのは愚の骨頂です。むしろ相手の疑問に答える形で説いていきます。何人かのいとこを前にして説明する場合も同じです。時には相手に逆に言わせることも必要です。

「そうね、そういうことも結成すれば出てくるかもしれないね。そうした場合、モトさんならどうする？　なるほど、それならいいね」

「ボクはこう考えたんだが、キミならもっと違った角度から説明できるんじゃないかな。この機会に聞かせてくれよ」

話が紛糾したり、あなたの呼びかけに否定的なムードが出そうなとき（出たとき）、躍起になって相手の意見を覆すことも対話で必要でしょうが、時には「叶わぬときは親を出せ」ということわざではありませんが、自分たちを慈しみ育ててくれた伯父〜

叔母を話に登場させたらどうでしょうか。

「いとこ会を一番喜ぶのは伯父たちじゃないかな。もちろん、会合には招待するさ。俺たちいとこが一堂に集まって和気あいあいとしているムードが、一番の伯父・叔母孝行と思うんだ。違うかな」

「Ｙ叔母さんなど涙を流して喜ぶよ。あの叔母さん苦労したもの。そう思わないか、ケンちゃん。いとこ全員で叔母さんを喜ばせてあげたいな」

鼻歌まじりの中でスイスイといとこ会ができれば、これも縁でしょう。反対に甲論乙駁の中でやっと結成ということもあるでしょう。いずれにしても結成したらさっそく具体的行動に乗り出しましょう。趣意書はそのとき作成しても遅くはありません。

４　ゴッド・ファーザーは必要か

いとこ会にボスはいらない

あなたが出席した結婚披露宴で、次のようなことはなかったでしょうか。

結婚披露宴も終わりに近づいてそろそろ沈滞したムードが漂ってくると、後半のハイライトとして親類代表として本家筋に当たる大伯父のあいさつ、続いて両家父親のあいさつでお開きになるのがふつうですが、大伯父があいさつするとなると、親類の内輪だけの話になったり、変な気炎を上げたりで、傍若無人の振る舞いが見られます。もちろん、なかには親族の立場から見た新郎・新婦の性格を謙虚に語り、参会者にこれからのお引き立てをお願いする簡潔な腰の低いスピーチもないではありません。

でも傍若無人な大伯父は披露宴が始まると、じろじろと出席者を睨みつけたり（?）、それ以前の開宴前の控え室でも周りの人に大声で話しかけたり、一般来賓にロクなあいさつもしないなどの大きな態度を取りがちです。とんだ場違いな自己主張です。

いとこ会の呼びかけ人や発起人、あるいは発起人の一人にこの大伯父的な人がいると、会合にみんなが集まってもいとこ会とは名ばかりで、実情は彼の私的集いになってしまいがちです。この場合の大伯父的な人とは、いとこの中でも歳は他のいとこよりもはるかに上、仕事も大企業の管理者以上や自営業の経営者であったり、あるいは地元のボス的存在といった人です。彼はみんなから一目置かれていることを知っているので、自己顕示欲がいとこの間にも示されるのか、つい「オレが、オレが」が頭を持ち上げます。

自己顕示欲の旺盛なのは政治家、芸能人、そして猿ですが、いとこ会の呼びかけ人や発起人にこの大伯父的な人がいると、いざ会合も会場は自宅、会費も「いい、いい、オレが持つ」。会合のムードも自分好みの飲み会やゴルフコンペが中心になったり、会合での話題も〝ジコ中〟(自己中心)の「オレが若いときは、なァ」「オレの今の仕事は……」

オレオレ詐欺ではなく、オレオレ発起人のリードで発会したいとこ会が長続きした例を、私はあまり知りません。

長老は一歩退くことが肝要

いとこの中でも自分が〝重鎮〟と自他

共に許している人が発案していとこ会を作ろうとした場合、あるいは発起人の一人に選出された場合、こういう人は実権を年下のいとこに任せたらどうでしょう。会の中の年齢的に中間層またはその下のクラスの人がベターです。彼らのほうがはるかにアイデアを発揮したり、合理的に考えを巡らせてくれます。他のいとこも彼らには自由にものが言いやすいのではないでしょうか。それを温かく見守る姿勢をもってこそ、いとこの中の重鎮と言えましょう。もちろん、意見は遠慮なく、先にあげた三つのポイントに軸足を置いて開陳すべきです。

それに、いとこ会はNGOでもNPOでもありませんが、やはり発会すれば幹部を決めたくなるものです。年齢差や職歴、親同士の系列から「会長」に推挙されても、〝重鎮〟さんは「相談役」や「顧問」くらいに治まったらどうでしょうか。いとこ会のような極めてプライベートな機構に年功序列を振りかざしたり、中心人物になろうとすることはありますまい。ゴッド・ファーザーはマフィアの組織だけで十分です。

また、いとこ会をつくったからといって、必ずしもこういうリーダーを置かなければならないというものではありません。開催ごとに順番に数人に世話役になってもらってもいいでしょう。このほうが世話役各自が自由に会を演出できるでしょうし、参加者はそれなりの期待や楽しみがあります。

5　いとこ会を成功させるチェック・ポイント

いとこ会を結成するとき、いろいろ頭を絞るでしょう。また、会合を開くときには、参加者への気配り、会場や経費の注意、運営（進行）の仕方などに工夫や機転を利かすことが大切です。以下のチェック・ポイントを参考までに頭に入れて事に当たってください。

(1) いとこ会設立のチェック・ポイント
――まずつくろうとするとき

□　いとこ会はどうしても必要なのか（そのネライと目的）
□　いとこ会以外に目的を達することはできないか
□　かつて同じようなことを他のいとこが実施したことはあるか

□ その成否はどうだったか
□ 会の趣旨を周知徹底させるのに、期日はどれほどかかるか
□ いとこたちの会に対する賛否をある程度読めるか
□ 会に反対が多い場合、説得する自信はあるか
□ 開催や創立を全員に伝える前に、特定の人に根回し（事前交渉や連絡）しておく必要があるか
□ 根回しは誰が、いつ行うか

(2) 参加者へのチェック・ポイント
——一堂に集まるとき

□ 会の幹事や事務局は誰がよいか
□ 参加者の態度について問題はないか
□ 無口、孤立、喧嘩早い人、酒癖のよくない人などへの対応を考えてあるか
□ 参加者は指定時間に集まれるか

□　遠方の参加者は前泊する必要はあるか
□　参加者同士の人間関係の良否についてすでに知っているか
□　女性の出席者に配慮を示しているか
□　代理で出席する人（配偶者、息子、娘など）を寂しがらせないように気をくばっているか
□　連絡漏れはないか

⑶ 会場のチェック・ポイント
――備えあれば憂いなし

□　会場の都合を問い合わせたか（予約）
□　会場は参加者が参加しやすい場所にあるか
□　駐車場はあるか
□　駐車場があっても参加者が使用できないことはないか
□　時間延長のさい、その会場をそのまま使えるか

□ 第一希望の会場が無理なとき、第二、第三希望の会場に腹案はあるか
□ 開催日時をいつにするか
□ 第一希望の日時が不可能のときの対策を立ててあるか
□ 部屋は和室か洋室か
□ 会場の広さや椅子、座布団などの数は十分か
□ 備品（座布団、灰皿、マイクなど）、消耗品、飲食の手配は？
□ 設営のさい、搬入すべきものの手配は容易か？　借用できるものを確かめてあるか
□ カラオケをスケジュールに入れてあるなら、その設備はあるか

(4) 経費のチェック・ポイント
——何でもタダではできない

□ 会費で会合をまかなえるか
□ 同伴者や来賓の会費は徴収するか

□寄付を予定の中にあらかじめ組み込んであるか
□組み込んであるならそのおおよその額はどれくらいか
□経費は主催者や幹事負担か
□アシが出たときの処置を考えているか
□来賓に寸志を渡す必要はあるか
□散会後、みやげを出す必要はあるか、あるとすれば何を出すか、その費用はどうするか
□会場の最寄り駅までの送迎はどうするか

(5) 進行のチェック・ポイント
――ダンドリがものを言う

□参加者、来賓への通知はいつするか
□会合時間に過不足はないか
□スケジュールのアウトラインは決めたか

□ 当日、スケジュールの説明は誰がするのか
□ 参加者に渡す資料（名簿、時間割など）に手抜かりはないか
□ あいさつ、会食、カラオケ、記念写真など時間配分に無理はないか
□ 途中で無理なことがわかったら、どういう手を打つか決めてあるか
□ 会合の〈流れ〉をどのようにもっていくか、あらかじめ決めているか、また幹事同士相談してあるか
□ 主催者、幹事の役割分担や担当を決めてあるか
□ 開会、閉会あいさつは誰がするか
□ あいさつの内容を練ってあるか
□ 来賓あいさつ、参加者の飛び入りあいさつは必要か

6 開催間隔はどれくらい置いたらいいか

株主総会は商法の規定によって年に一回は必ず開催することが義務づけられています。それ以外にも必要に応じて臨時株主総会が開かれます。

年に一回が半ば既定の事実になっている会合として、私たちの身近なものに同窓会、クラス会があります。五月の大型連休、お盆で故郷に里帰りするころ、秋の紅葉の季節、学校や恩師の行事等に関連して開かれます。

さらに各企業の「OB会」（定年社員の集い）、「同期会」（同一年度に入社した現役社員、同じく退社したOBの集い）も、年に一回、時期は各社の新年度に合わせて開かれることが多いようです。

同窓会・OB会などは長い伝統もあり、学校や学友、新旧社員の定例的行事や既定の事実として定着していますから、年に一回でも抵抗はありません。

しかし、いとこ会はこれから始めるのです。勢い込んで始めたのはいいとして、一、二回実施したあと、いつの間にか霧散してしまうことがないようにしたいものです。

となると、問題は開催間隔です。何年ごとに実施するかということです。日本人特有の「熱しやすく冷めやすい」性格が反映してか、あるいは飲んだときのムードで、誰言うとなく、気が大きくなったのか、口が滑ったのか、

「いいね、こういう会合は。来年も今ごろやろうじゃないか」

「そうだ、そうだ、それがいい」

で、来年の今ごろ実施になるかというと、ほとんど実施されないことが多いし、実施しても第一回ほど活気が出ない会合が見受けられます。あとはお決まりのジリ貧です。新刊雑誌の中には企画・執筆陣・広告・経費等の見込み違いで、三号で廃刊の憂き目を見るものが少なくありません。いとこ会を「三号雑誌」ならぬ「三回会合」で、あっけなく散会して、あと残っているのは赤字と苦い思い出と記念写真の残骸だけということにしたくありません。

逆説的な言い方になりますが、会を長続きさせ新鮮味を保つには、ある程度期間を空ける必要があります。

半年に一回、一年に一回という会は長続きしません。二、三年に一回が妥当でしょう。ただし、会に高齢者が多かったり、年齢構成や居住地がばらばらという面があるので、何かと含みを持たせた柔軟な運営が大切です。

私たちの渡辺家系いとこ会は発足後十年ですが、第一回の開催が決まったとき、幹事から「一回目と二回目は最低三年は空けよう」と提案があり、実際は各いとこの家庭事情その他で第二回目は五年空いてしまいました。それでも一回目と同じ、いやそれ以上の盛り上がりが見られたのです。

7　会則は極めて緩やかなものにする

いとこ会の取り決めは就業規則ではない

「離ればなれになっているいとこたちに、お互いが○○家の血筋を引いているのだという自覚と協調性をもってもらうために、いとこ会をつくろうと思うのですが、会則はどうしたらいいでしょうか」

つい昨年会社を定年退職した六十代の男性から私はこういう質問を受けました。話を聞いてみると、ある地方の名門の家が本家（実家）で、彼は兄弟の中では次男坊。父方のいとこ会をつくろうというわけです。

いとこたちは男女を含めて十四人いて、ありがたいことに集まる場合でも互いに行き来に飛行機や長時間列車に乗らなければならないほど、それぞれの住まいが離れてはいないので、割合集まりやすいし、みんなもいとこ会を待望していると言います。

「それなら取り立てて会則などいらないんじゃないですか」

と私の突き放したような言い方にムッとされたのでしょうか、気色ばんで彼は言いました。

「規則がなければ筋の通らない集まりになるじゃないですか。私はいままで会社で人事や勤労部門が長かったのですが、どんな制度や活動方針でも、それを組織化して具体化する根本はルールですよ。そうしないと、せっかくの施策が期待以下になります。いとこ会でも同じ原理ではないですか」

ずいぶん堅苦しく考えているんだなと、私はいささか驚いて申しあげました。

「会社は究極的には利益を確保するための活動体ですから、利益確保のためのルールが必要でしょう。いとこ会の目的は利益ではないでしょう。ゲマインシャフト（共同社会）にゲゼルシャフト（利益社会）の論理を持ち込んでも通用しないと思いますよ。いや通用しないどころか、ルールが厳しければ反感を買ったり脱落者が出ますね。

とくに女性の方は『こんなにうるさい規則を並べて何よ。じゃ、私は降りるわ。そうでなくてもいとこ会に参加するのに、私は夫に気を使わなければならないと思っているのに』となりませんかね。やがて、じゃ私も、私も、と退会しないまでも、不参加者が出ますよ。結果的に男同士だけでの飲み会になるんじゃないかな」

「でも……、ルールがないと不安ですね」

「ルールと考えずに、マナーと捉えたらどうですかね」

「と、おっしゃるのは？」

「こんなことを言った人がいるんです。ルールは人がつくったもの。マナーは神がつくったもの。だからマナーに違反すれば天罰が下る、と。

そこで会則ではなく、取り決め事項や申し合わせ、あるいはお願いとして、最低必要な、いとこ会のマナーとして打ち出したらどうですか。マナーなら誰でも身につけなければならないという自覚はあるはずです。またマナーを実行するのに難しいことはないはずですから、反発を買うことはありません。違反すればほかのいとこの嘲笑や軽蔑ですよ。こんな常識的なこともあの人は分からないのか、こんな人だったのか、とさげすまれますからね。

具体的には、たとえば、〔不参加のときは事前に幹事に連絡があれば嬉しいのですが、割合親しいいとこにおことづけください〕と、柔らかい表現がいいでしょう」

――と、こんなことを申しあげたのですが。

一カ月ほど経ってから彼から連絡がありました。「おかげさまで盛大に発会しました。ノビノビしたムードに、みんな参加してよかったと口にすることしきりでした」と。

会則などなくても立派に運営できると自信があるなら、それはそれで一向差し支え

ありません。でも、どうしても会則的なものがほしいなら鋼帯のような堅苦しいベルトで縛りつけるのではなく、ゆるい伸縮の利くゴムバンドでとめるようなものでありたいものです。

あるいとこ会の取り決め事項

私の友人の奥さん、梅村玲子さん（旧姓）が参加している「いとこ会」の会則を次頁に紹介しておきましょう。

梅の木会のきまり

昭和　年　月　日

主旨　梅の木は一月、二月の寒い時期に花を咲かせ、みんなの目を楽しませます。そして夏には青い実をつけて、それが梅干や梅エキスになり、みんなの食生活に役立っています。
そんな梅の木も、トゲがあったり、毛虫がつく時は嫌われますね。でも、鶯が来て鳴くのは、そのお陰かもしれません。
そんな梅ノ木に縁のある「梅村」の姓を名乗っているのも、何かの御縁です。

目的　毎日の生活に忙しくて、なかなか顔を会わせる機会の少ない私達、こんな会を作って、みんなが年に一回くらいは情況を交換し合うことは、決して無駄ではないでしょう。

資格　梅村姓の人、また元梅村姓だった人、その他『梅ノ木会』に賛同してくださる方は誰方でも……。近来、遠来を問わず。

会合　一年に一回以上。皆さんの合意で時期、方法を決めます。（小旅行・ハイキング・小宴会、等々）
会費　一度に出費は大変ですので、各家庭で積み立てましょう。
〔目標〕毎月　大人　　円・子供　　円
幹事　持ち回りとします
発起人　二郎・幸雄・辰紀

8　飲んで食べて唄うだけでいいのだろうか

ガッカリしたいとこ会

第3章をここまでお読みになった方の中には、「チェック・ポイントだの、発起人とか会則といわれても、それらはいとこの人数がまず十人以上の時には座が混乱しないように考えなければならないだろうが、私のいとこは父方、母方のどちらも、いとこの人数は少ない。両方とも五～六人ずつだ。どちらでも〈集まろうや〉と声を掛ければ、だいたい八割程度の者は集まる。発起人や会則もいらないと思う」という声もあがるでしょう。

でも本書をお読みになった動機は、いとこたちが集まって席を温めても、「これでいいのだ」と納得できなかったからではないでしょうか。もっと何かしたい、しなければいけないという欲求があったからだと思います。その参考になるように以下述べていきますが、次のような声が各いとこ会の第一回会合にあったことを紹介しておきましょう。

「いとこ会をつくったからぜひ出席して欲しいという連絡が来たので、期待に胸を膨らませて出席しました。たしかにご無沙汰していたいとこたちと会えたのは嬉しかったのですが、結局は男性中心の飲み会じゃないですか。女性たちには不満が多かったですね。幹事が『第二回はこの秋に……』と張り切っていましたが、私は出席しないつもりです。時間のムダですよ。私は主婦で忙しいのだから」（女性）

「結成時のいとこ会は互いに久闊を叙すというタテマエもあったので、酒宴になったのもやむを得ないかなと思ったのですが、つい先日、第二回の会合があったのです。いとこ会とは名ばかりで、結局はまた職場の飲み会と同じことでしたね。飲むためだけにいとこが集まらなくてもいいと思うのですがねえ。何か、いとこの集まりにふさわしい企画がないものでしょうか。幹事に文句を言ったら、『そのうちなんとかするよ、あまり焦るなよ』です。結成初期にこんなノンビリしたことでは、先が思いやられますよ。結局はジリ貧になっていくでしょうね」（男性）

「私たち夫婦はいとこの中でも下から数えたほうがいいほどの年少者です。それにいわゆる〝いとこ夫婦〟なんです。出席しないわけにはいきません。結局はみんなの酒の肴になったり、とくに妻などは酒席での小間使いですよ。もう二度とあんなもんには出ませんよ」（男性）

「私にはいとこが七人いますが、ウマの合わない男性のいとこが一人います。別に理由があってのことではないと思うのですが。向こうもそう思っているんじゃないでしょうか。そんなわけで最初のいとこ会は用事のため欠席しましたが、これではいつになっても彼との人間関係は修復できないので、第二回の会合には思い切って出てみました。結局は終始、互いによそよそしかったですね。居たたまれずに用事にかこつけて早退しました」（女性）

いとこ会を楽しむ演出法

以上は、いとこ会に出席した人たちがデメリットを感じた声です。とくに最後の例などは、幹事の心くばりでいとこ会を通じて修復可能とも考えられるのですが（一二一ページ、「参加者へのチェック・ポイント」参照）。

もちろん、メリットを挙げた声も少なくありません。それは次に掲げるような工夫（演出）が土台になっていることと無縁ではありません。

（1）場面（着席）の設定
（2）家族同伴歓迎
（3）寄せ書き
（4）欠席者へ次回の勧誘ハガキを投函しよう
（5）近況報告はメリハリをつける（つけさせる）
（6）大人でも楽しめるゲームの実施
（7）余興で気分を盛りあげる
（8）プレゼント交換
（9）伯父～叔母バンザイ！

（10）アンケートをとる

ここに挙げた十の企画はすべて実施しなければならないということではありません。また、会合のどのあたりで実施するかも自由です。次節で具体的な実施方法を簡単に述べますが、ほかによい企画があればどしどし実施してみたらいかがですか。

イタリア人の人生三つの大きな楽しみはマンジョーレ、カンターレ、アモーレ（飲んで、唄って、愛し合って）だそうですが、せっかくのいとこ会なら、「いとこ会」ならではの演出が欲しいところです。それが楽しみでみんなが出席したくなるような企画を持ちましょう。

魚屋は店先で、寿司屋は客に威勢のいい声を掛けます。夏の風物詩の金魚売りは涼しげな声を張り上げます。扱う魚の鮮度のよさを演出します。マジシャンは一枚のスカーフのウラ・オモテを観客によく見せることで、タネも仕掛けもないことを演出しているのです。そういえばおもしろい現象ですが、ベルトを買った客は必ずそれを自分でピンピンと引っ張ってみます。引っ張って切れるようなベルトは売っていないのに。客は自分で演出することで納得するのです。

当然、いろいろの会合には演出が大切です。演出の是非が会場を熱狂のルツボにしたり、参加者に出席したことを後悔させたりします。いとこ会も例外ではありません。

9　時間の経つのも忘れる会合の持ち方（1）

場面（着席）の設定

懇親を中心とする場面（着席）は職場の忘年会や春秋の親睦旅行など、だいたい定番があります。和室・洋室を問わず「ロ」の字、「コ」の字にテーブルが並べられ、「月給の順に並んで月見かな」（川柳）のとおり、床の間や上座を背にした席にお偉方や来賓が並びます（図4）。あとはそれぞれ気のあった者同士が好きな場所を占め、女性は女性同士で固まるようです。

やがて幹事の開会あいさつに続いてお偉方のあいさつ、来賓何人かのあいさつの後は乾杯、祝宴になります。そのうちメンバーが会場のあちらこちらに移動し始めると、いくつかの〈島〉ができます。こうなると、そろそろ退屈してきたり孤立するメンバーも現われます。廊下に出てどこかに携帯電話で交信する人、ひそひそと語り合う男女、部屋の隅で居眠りする人……。

＜図4＞

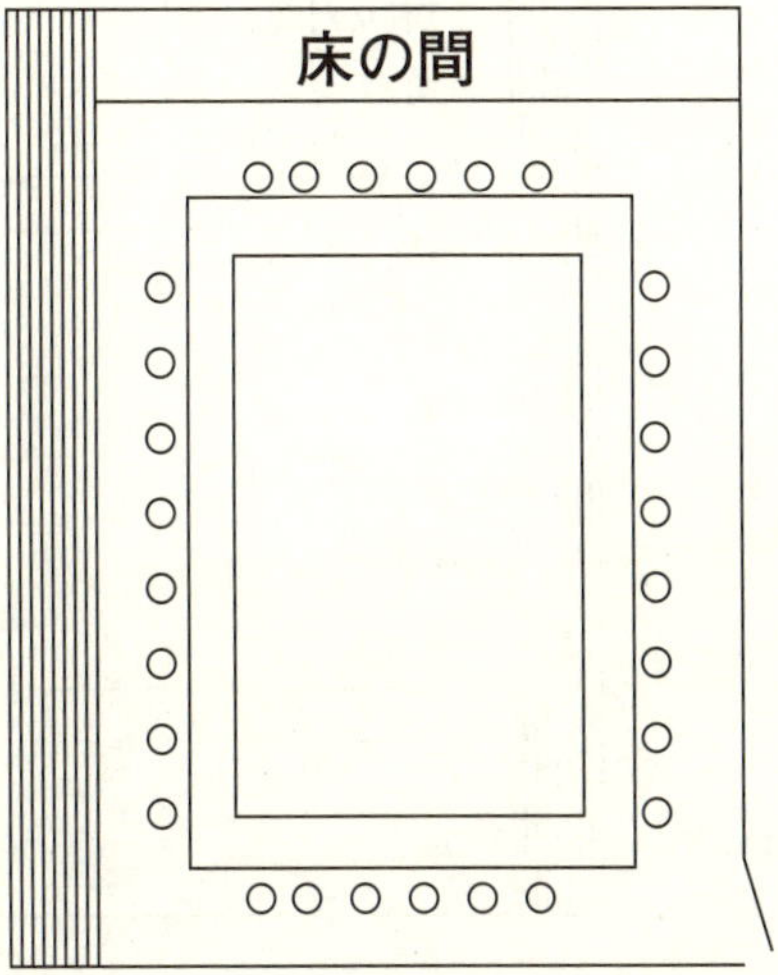

幹事や世話役は……とみると、こちらも適当な島にもぐりこんで杯のやりとり。そのうち備え付けのカラオケセットのスイッチが入ってカラオケ大会。歌も出尽くした後、そろそろ閉会を気にするメンバー、お開きの準備に取り掛かる幹事諸君の動きが目立ってきます。

いとこ会が職場の忘年会、親睦旅行会のこういう定番的な流れでいいのでしょうか。どこかに血縁関係に基づいた、いとこの結束感と連帯性を演出してみたらどうでしょうか。

<図５>

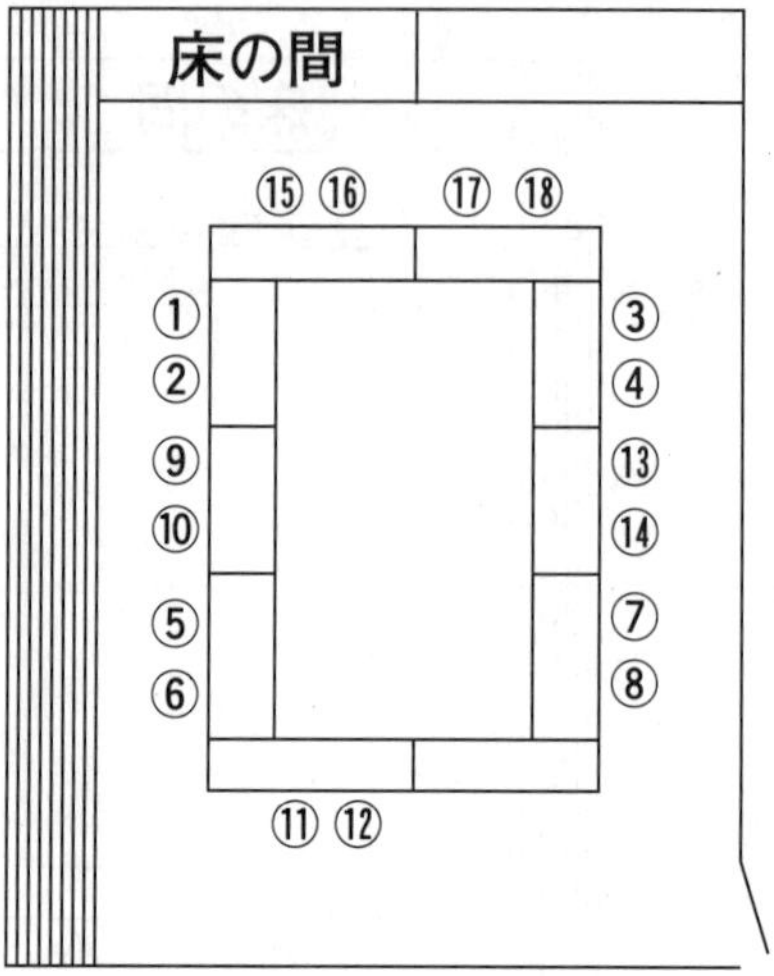

<図６>

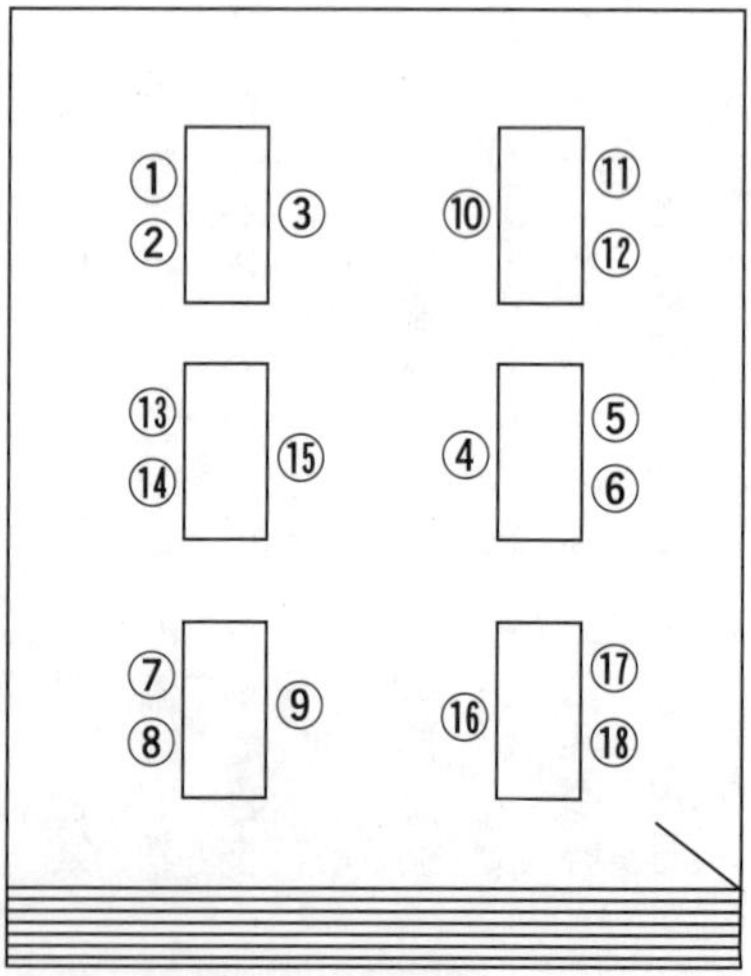

いとこ会は初対面ではありません。ただ、なかなか会えない人たちが集まるというケースです。次のようにしてみたらどうでしょうか。

まず入室の際、番号札を引いてもらいます。そしてテーブルの番号と同じ番号の席に着席してもらいます。そして1番と2番がひとつの小グループ、3番と4番も同様。参加者の人数が多ければ、1～3が小グループというようにしてもいいでしょう（図5～6）。主催者側（会長や幹事、世話役）や来賓も同様に自分の引いた番号の席に座ってもらいます。いとこ同士ですから久闊を叙すことに抵抗はないはずです。

年齢差の大きい男女、ご無沙汰がちだった人が隣り同士で、最初はぎこちなくても次第に話が弾んでくるでしょう。席の配置は部屋の条件にもよりますが、幹事は機転を利かせてください。

このころになると、遅れてきた出席者も着席します。しばらく和やかな懇談が続いたころを見計らって、幹事の開会宣言、会長や主だった来賓のあいさつに移ります。ここで参加者の中からのあいさつが欲しければ、先ほど二～三人グループに分かれたメンバーに投げかけてもいいでしょう。誰がするかは、その小グループの中で自主的に決めればいいのですから。

家族同伴歓迎

親の兄弟が多ければ、いとこの人数も多くなります。しかし人数だけではいとこ会の中味は云々できません。とはいうものの、やはり人数の多いほうが活気が出ることは事実です。では、少ない人数のいとこは会を開けないということはありません。

いとこの人数が少なければ、家族（妻あるいは夫、子どもたち）で出席してみましょう。とくに、ふだんなかなか会えない子どもたち同士はまたいとこに会うことができます。またいとこ同士が初対面のときは、いとこ会のお陰で名乗り合うことができます。やがていつかこの交歓が、またいとこ会に発展する礎になるでしょう。

また場合によれば、妻や夫がみんなと初対面なら、かえってそれぞれ男同士、女同士で話が弾むのではないでしょうか。

少ない人数のいとこ会に家族同伴歓迎で盛り上がりを演出してみましょう。いとこの人数が多くても家族同伴で出席すれば、かえって興を添えるに違いありません。誰が誰の家族かわからなくなるようなら、出席者名簿や名札を当日配布すればいいでしょう。

家族たちが雰囲気に解けこめずにぎごちないときは、前述の〔場面（着席）設定〕

＜図7＞

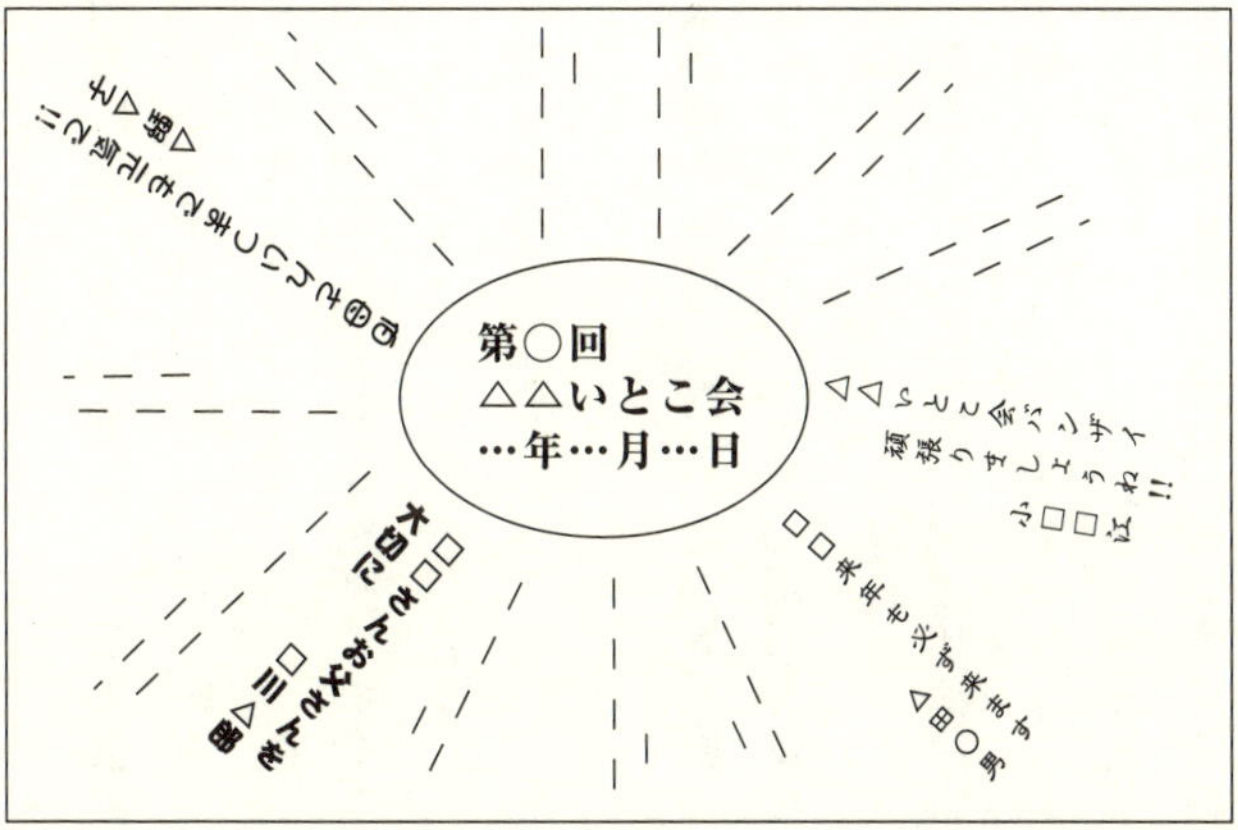

を活用すればかなりの効果をあげることができます。家族同伴で出席したからといって、家族だけで最後まで一カ所に固まることもありますまい。

寄せ書き

Ａ４程度の紙の真ん中に、大きく「第○会いとこ会、□年△月▽▽日」と書いて、丸や楕円形で囲みます。この周囲にそれぞれが自分の名前と座右の銘あるいは好きな言葉を書きます。参加者が多くても一枚の紙に書くことが大切です。そのために各人が字を小さくするとか、他の言葉を省略するとか工夫します（図7）。これを人数分だけコピーして散会後に出席者に配ります。

同時に、いとこの両親（伯父〜叔母）にはみんなで別に寄せ書きを書いたらどうでしょうか。来賓として出席しているときは同じようにその場で配ります。参加していなければ後日郵送します。

このために出来上がり次第、すぐコピーできるようにしておくことです（会場のコピー室、近所のコンビニのコピーセンターを利用するなど）。できればカラーコピーなら申し分ないですね（真ん中の標題をパソコンで作成）。

欠席者へ次回の勧誘ハガキを投函しよう

出席予定であっても他の用事と重なって欠席とか、最初から病気や急用で不可能ということもあります。

このとき、欠席者に次回はぜひ参加してくださいという、ネクスト・ウエルカムのハガキを、会が終わったらポストに投函するというのはどうでしょうか。「いま、久しぶりの楽しいいとこ会が終わりました。あなたのお顔が見えなかったのが残念です。これから帰りがけに投函します。この次はぜひ！」といった文章の後に、全員の名前を書き込めばいいのです。書き手が多ければ文章も長くなります。ハガキの代わりに先の寄せ書き的なやり方で記入して封書で送る手があります。

このハガキや封書の作成をいつ実施したらよいかということですが、会がお開きになってからとか、アルコールで酔ったり座が乱れないうちにとか、また寄せ書きと同時になど、いろいろなタイミングがありますが、幹事や世話役の気くばりに期待しましょう。

近況報告はメリハリをつける（つけさせる）

ドッグ・イヤー（dog year）といわれている今日、すなわち現代の一年の移り変わりは過去の七年の経過に匹敵するという時代です。お互いの生活も目まぐるしく変わります。日々是好日というわけにはいきません。そこで久々に会ったお互いは、何はともあれ互いの近況を知りたく思うものです。

だからといって、互いに好き勝手に久しぶりのあいさつを兼ねて近況スピーチをすればいいというものでもないでしょう。そこで幹事や司会者の気くばりがものを言います。出席者の人数によっては会合の冒頭にするか、祝宴の最中か、また一人当たりの報告の持ち時間、順番などをどうするか、素早く読む必要があります。

出席者が予定時間内に次ぎつぎに自分の近況を述べるのですから、話の流れにいわゆる「メリハリ」（抑揚）をつけるように誘導してください。場合によっては、司会者とスピーチをする人の一問一答でもいいのです。要するに、だらだらした話の流れにしないように工夫してください。

木島郁男さん（六十代、高校教頭）は二〜三年に一度のいとこ会の司会を買って出ていますが、この近況報告を次のようにしています。

・近況報告タイムを長くても一時間以内に限定
・持ち時間を一人二分間（出席者が少ない時は三分間）に限定
・順番は報告の終わった人が次の人を指名
・一時間経過したら自分の進行の不手際の拙さを詫びて、「申しわけありませんが、まだ済んでいない人は、このあと祝宴で周りの人に近況を話すか、カラオケを歌う前に一言あいさつしてください」とビシッと打ち切ってしまう

などです。出席者は誰も木島さんの不手際とは思いません。自分や仲間の要領の悪さを恥じるという寸法です。

10　時間の経つのも忘れる会合の持ち方（2）

大人でも楽しめるゲームの実施

大人の室内ゲームといえば、パチンコ・野球拳・ビリヤード・ダーツ・囲碁・将棋・麻雀・バックギャモン・チェス・チェッカー・ブラックジャック・ポーカー・ブリッジ・こいこい・どぼん・ちんちろりん……。果ては〝あっちむいてほい〟まで千差万別です。この種目を見て懐かしいと眼を細める方もいるのではないでしょうか。それとも苦笑いをする御仁も（さては賭けたな?）。

これらを、いとこ会の座敷で全員でやれということではありませんが、ゲームの種目によっては次のようなやり方があります。

たとえば、かつて互いに囲碁や将棋、麻雀、ブリッジなどを楽しんだ仲なら、会合の始まる前（会合後）に彼らだけで集まって一戦交えれば、それはそれで意義のあることです。若い世代の中にも「ヒカルの碁」の影響で碁を覚えたり、結構急速に腕を上げている人もいます。会合前に彼らと烏鷺《うろ》を戦わすのも関係を深めることになるでしょう。ただし、その分の会場費は別勘定ですネ。またどんなに楽しんでいても、本命のいとこ会には絶対に遅れないことです。「いったいどっちが目的で参加したんだ」と陰口を叩かれないようにしたいものです。

さて、ゲームを会合の息抜きや親睦に活用したらどうか、ということです。いとこ会には家族同伴で青少年少女もいるでしょうから、彼らの初対面のぎごちなさを消してやるのも大人の務めです。だからといって子どもが喜ぶようなゲームは、大人はばかばかしくなるでしょう。大人も子どもも打ち解けて楽しめるものとして、次のようなものはいかがでしょうか。

☆　ビンゴ（数字合わせによるゲーム。説明省略）

☆　ドアプライズ

各人１００円コインを一枚用意します。二人ずつの組み合わせを無作為につくり、ジャンケンをしてもらいます。

勝った人は相手から１００円をもらいます。そしてほかの組の勝った人とまたジャンケン。そこで勝てばまた１００円をもらい、次の勝者とジャンケン。こうやって最後まで勝ち抜いた人が全員から１００円コインを全部もらえるという寸法。トーナメントと思ってください。結構、興奮します。

今二つを紹介しましたが、年配者や女性でも照れずに取り組めるゲームはもっとあるはずです。あなたがおもしろく思ったものを提供してみましょう。また会に出席したいとこの子どもたちの経験を借用してみてもいいではありませんか。とにかくみんなが和気あいあいと寛げて、元気な姿を喜び合うリラクゼーションの場としてゲームを取り上げたわけです。

余興で気分を盛りあげる

ギター、ハーモニカ、ウクレレ、篠笛、オカリナなど、趣味として打ち込んでいる楽器を奏でてもらいます。ただ、あまり長い時間はあとのスケジュールに影響するので謹んでもらいます。もちろん事前に各人に配布するスケジュールに記入しておきます。飛び入りはなるべく遠慮してもらいましょう。

なかには、演奏を聞いて歌いたいという人も現われますが、一人を許せば次々と手があがる可能性もあるので、あとのカラオケに譲ってもらいましょう。

芸達者な人の中には伯父～叔母の声帯模写やいとこ同士の掛け合い漫才をする人も現われるかもしれません。またマジックも。上手にスケジュールに組み込んだらどう

でしょうか。

昔懐かしい遊びに興ずることも、子ども時代に戻れます。各人がベーゴマ、ケンダマ、メンコ、お手玉、羽根突き、凧揚げなどの遊び道具を持ち寄るか購入します。このように考えると、全員が一堂に集まるというのは無理かもしれません。分科会というわけではありませんが、ある時間を余興ほかに取る二部構成、三部構成という立体構成にします。

プレゼント交換

各人の持ち寄ったささやかな物品を、いとこ会の景品として用意します。それに番号札をクリップかセロテープでとめておきます。また別に番号札を用意して机の上に裏返しておきます。順番にこの番号札を取り、景品の番号と合ったものをプレゼントとしてもらいます。

引く番号札を福引の要領で箱にいれて、それを手探りで採るというやり方でも、かえってスリルがあってよいでしょう。

持ち寄る物品は何でもいいのですが、なるべく値の張らないものがいいでしょう。筆記具、図書券、アクセサリー、ペーパーウエイト（文鎮）、灰皿ほか……。この際に、誰の提供品か判らないほうが、かえっておもしろいですね。記念によそからいただいたけれど全然使用していないが、あれば便利だと喜ばれそうなものでも結構です。

食用品としてお茶や海苔の缶や菓子類は、会のみやげとして各人に渡すようにしてあるなら、重複気味になるので避けたほうがよいでしょう。

伯父～叔母バンザイ！

いとこが一堂に会して睦み合うことができるのも、元はといえば両親や伯父～叔母のお陰です。深甚な敬意を表しさらに長寿を希う意味で、ぜひ、いとこ会（とくに第一回）の会合には来賓として招待したいものです。

その際に来賓としてあいさつをいただくことも必要ですが，一四三～一四四ページに述べたように、寄せ書き（欠席者にはネクスト・ウエルカムのハガキ）は欠かさないようにしたいものです。

記念写真を撮るなら伯父～叔母を中心とした配置でありたいですね。さらに第一回は感謝状を差しあげたらどうでしょうか。専門家に書いてもらった達筆のものを筒に入れてお渡しするという趣向はどうでしょうか。

そして、いよいよお開き（閉宴）では、「始めよければ終わり良し　真ん中よければさらに良し　終わりよければすべて良し」といわれるように、有終の美を飾りたいものです。伯父～叔母たちは照れてしまうかもしれませんが、バンザイ三唱か三本締めをしたいものです。このあとに、いとこ会のさらなる発展を願っての同じくバンザイや三本締めをしてお開きです。

アンケートをとる

さあ、一連の工夫を凝らしたいとこ会はお開きに近づきました。幹事の閉会あいさつも終わりました。出席者が三々五々談笑したり、帰り支度をしています。「では失礼します」「いやあ、楽しかったよ、またこの次会いましょう」「セッちゃん、帰る？じゃ、駅までいっしょに行きましょう」

これでは画竜点睛を欠いています。本日の催しに対する参加者の「声」が残っていません。ほかの会合でもよく実施するアンケートを、いとこ会でも取り上げたいところです。その要領は——

（1）記入は閉会あいさつの前か後

どちらでもいいのですが、できればあいさつの前のほうがよろしいでしょう。あいさつ後に「ではアンケートにご記入になったら、この箱に入れてお帰りください」では、周囲でそわそわされると落ち着いて記入できない人もいるからです。

会合の途中で帰宅する人にも一応記入してもらってから腰を上げるようにしてもらってください。要するに全員からいただくことが大切です。

（2）記入は記名か、無記名か

これもどちらでもよろしいでしょう。記名したい人は記名すればいいいし、そうでない人は無記名で。

よくあるケースは「お帰りになった後、封書かファックスでもかまいません」。私の経験ではほとんど返送されてきたことはありません。

（３）公表は?

できれば結果を公表したいものです。みんなはどういういとこ会にしたいかが分かります。集計して郵送するなりメールで送るなりしましょう。

（４）アンケートの内容は○×式で

あらかじめ質問項目を記入しておき、それに該当するものに○×をつけてもらいます。

では、どんな内容にするかですが、一つの雛形を例示しておきます（第１表）。もちろん、あなたのいとこ会にふさわしいアンケートを創るのはご自由です。

＜第１表＞

第○会　○○いとこ会アンケート

年　月　日

お手数をかけますが、記名・無記名のどちらでもかまいませんので、ご記入ください。

1. 今回のいとこ会は
□大変良かった　□良かった　□普通　□期待はずれ
□大変良くなかった

2. 会合時間は
□大変良い　□良い　□これくらいでよい　□少し長い
□短い

3. 次回のいとこ会には
□必ず出席する　□出席する予定　□わからない
□欠席の予定　□欠席する

4. 次回以降のいとこ会に内容等でふやしてほしいこと
（具体的にご記入ください）

5. 次回以降のいとこ会で内容等でやめてほしいこと
（具体的にご記入ください）

6. 会場の希望は
□本日と同じでよい　□ほかの会場がよい　□わからない
□ふさわしいと思われる会場があれば具体的にご記入ください。

7. 次回のいとこ会はいつごろをご希望ですか
（おおよその希望年月をご記入ください）

有難うございました。お気をつけてお帰りください。

11　会合に本陣があれば申し分ないが……

【本陣】①軍の本営　②江戸時代の宿駅で、大名・幕府役人・勅使・宮門跡などが宿泊した公認の宿舎

辞書にはこのように定義されています。さらに【脇本陣】という宿舎も当時ありました。こちらは大名の供人《ともびと》が多くて本陣だけに宿泊しかねるときに、予備に当てる宿舎です。

会合を企画したとき主催者や事務局が頭を痛めるのは場所です。会合場所としてはいろいろあります。ホテル・貸会議室・公営施設（市民会館・勤労会館・公民館等）・貸ホール・料亭など。もちろん有料ですが、高額だったり、希望借用日を予約できなかったり、廉価で希望日に借用できても交通不便であったり時間制限があるなど、結構ハンデがついていて思うように使用できないようです。

私的なことで恐縮ですが、数年前に私は仕事柄知り合った経営コンサルタント、企業教育コンサルタントの人たち十数名と、相互啓発と親睦を兼ねた勉強会を持ちたいと提案して、「経営革新集団　グループ活火山」を立ち上げました。会合は毎月一回、

十八時から十九時三十分まで勉強会。勉強会には毎月交替で一人が講義し、あとは質疑応答。その後、近所の居酒屋やスナックで懇親会、二十一時閉会。その後の三々五々の二次会は自由。

こういうスケジュールでしたが、噂を聞いて毎月のように申し込みがありました。この会合と平行して、千差万別の仕事先の自己啓発に熱心な人たちとも月に一回の［異業種交流学習会］も持ちました。両方とも私が会長兼事務局長を勤めさせていただきました。

この二つの会合がうまくいった大きな要因には「会場」の要件が欠かせません。当時、私は東京都内水道橋のビルにオフィス（事務室）とセミナー・ルーム（定員三十名）を持ち、さまざまなセミナーを企画・運営していましたので会場難で頭を痛めることはなかったのです。好きな日時を設定できたからです。いわば本陣が自由に活用できたことがよかったと言えましょう。会合の事務局は女子社員たちが務めてくれました。

今、私たちそれぞれの母方のいとこでつくる「渡辺家系いとこ会」がうまくいっているのは、母方の本家（渡辺家）が使えるからです。もし本家が使用できなければ、脇本陣探しに幹事や世話役は気苦労が絶えなかったでしょう。その点は一同、感謝感激です。

ですから、いとこ会を運営するときには会場をどうするかを考えなければなりません。有料の会場を探すか、いとこの家を交替で借りるか、定例会場として借用できるか、です。各人の家を借用するにしても、家人に迷惑にならないだろうか、設営や撤収に余計な気苦労を与えないだろうかなど、気をくばる必要があります。

12　裏方に感謝の気持ちを忘れない

縁の下の力持ちがいるから舞台が沸く

文楽（人形浄瑠璃芝居）を鑑賞していた女子高校生。人形を操る黒子さん（人形遣い）を見て「あのオジさん、邪魔ねえ」と言ったとか……。ご存知のように文楽は義太夫を語る太夫、三味線、人形遣いの三位一体で成り立っています。黒子さんという裏方がいなければ文楽は成立しません。

スーパー歌舞伎では主役がワイヤーに吊られて天高く舞います。大がかりな装置を駆使した豪華な舞台が評判ですが、その裏で立ち働く裏方（床山、衣裳係、宙乗りを支えるスタッフほか）は百人を超えるといいます。宙乗りで観客を魅了する陰に、裏方さんの仕事が劇的効果を高めてくれているのです。

どんな仕事にも必ず裏方がいます。目立たないけれど、その人たちがいなければ仕事の成果が上がらないものです。さまざまの華やかな会合の陰にも裏方がいます。もちろん、いとこ会でも……。

「いやあ、よかったよ、あんたの開会あいさつで一挙に盛り上がったからな」
「なかなかの名司会だったな。たいした気くばりだ。疲れたろう、ご苦労さん」

盛会のうちにいとこ会が終了すると、口々に華やかな演出をした主役に感謝や慰労の言葉が投げられます。ですが、会場の折衝、案内書の作成、備品・消耗品等の調達、参加者の迎車、開催中のカメラやカラオケセットの係りなどに携わった裏方にも、それ以上の言葉があって然るべきです。なぜなら、ほとんど自発的に手弁当で縁の下の力持ちを演じてくれたのですから。

感謝の心遣いを示すには

・会の終わりに裏方全員に並んでもらって拍手で感謝する
・終了後に裏方だけを慰労するための食事会
・とくにフィルム代、記念写真の郵送代などは、自発的にその係りを買って出た人の出費になりがち。きちんと会費の中に組み込んでおきたい
なと、気をくばりましょう。

また、先に述べたように、いとこの家が会場なら、一番の裏方はそのいとこの家族（配偶者や子どもたち）でしょう。調理や配膳から始まってお開きに至るまで気が休まりません。いや、解散しても後片付けから食器洗い、座布団だって陽に当てたりほこりを払ったりしなければ格納できません。大きな感謝を捧げたいものです。
・食材を持参して、後で家族に食べてもらう
・足腰不自由な親族がいるときは、交替で会合中に面倒を見る
・あとで自分の居住地の名物などを送って謝意を示す
・解散後に残って、部屋の掃除や後片付けを手伝う

などの心遣いを示したいものです。

いとこ会に自宅を提供した丸山重雄さん（仮名、五十代、公務員）が後悔していました。

「自分の家がいとこたちのために喜んでもらえるならと思って、渋る妻の反対を押し切ってわが家で開いたのですが、いとこの一人が酒宴中に気分が悪くなったのでしょう、トイレに入って吐いたのです。トイレの床中が汚物で汚されました。

妻は黙って処理してくれましたが、後で妻ばかりか子どもたちからも喧々囂々の非難です。

彼が嘔吐したらしいとすぐみんなに伝わりましたが、みんな眉をひそめるだけで、後始末は誰もしてくれませんでした。まったくあのときは参りましたよ。それ以後、わが家で人を招いての酒宴はできなくなりました」と。

13 人生いろいろ、いとこ会もいろいろ

お座敷ばかりが会合ではない

「いとこ調査」で、いとこの集まりの有無や是非について聞くと、「ウン、二、三年

に一回くらいは会って飲んでいるよ」

「いとこ会をやろうと持ちかけているんですがね、趣旨は大賛成なんですが、私のいとこは男も女も下戸ばかりで、飲む会などとあまりいい顔をされないんですよ」

「集まって飲んでメシを食うだけなら、みんなが互いに連絡を取り合って、意気の合った者だけで好きなようにやればいいという始末ですよ」

結果的には、いとこ会＝飲み会というパターンです。とくに最後の例を出してくれた人は憤慨していました。「いとこが全員集まって盃を傾けるところに意義があるということが分かっていないんですね」

これがいとこ会だと定義づけた結末が、とどのつまりは飲み会に結びつけているのです。どうも、初めに飲み会ありき、という図式なのですね。

一口にいとこと言っても、各家庭の形態はまちまちです。年齢・性別・職業・居住地・趣味・嗜好・健康・収入・家族・気質・性格・他のいとこに対する親近感の度合いや好悪の感情など、それこそ千差万別です。ただ一つだけ共通していることは、それぞれの片方の親が兄弟姉妹だということだけです。この連鎖がいとこという関係を形成しているのです。

これだけで、いとこ会＝飲み会では乱暴過ぎないでしょうか。もちろん、みんながそれを望めば話は別ですが。

本章の「時間の経つのも忘れる会の持ち方（1）（2）」では、もっぱら屋内での会合について述べました。いわば主流の考え方です。ご参考までに第五章で私たち渡辺家系いとこ会のやり方を述べましたので、参考にしていただければ幸甚です。（二二七ページ以下）

ところで、屋外のこういうメニューはどうでしょうか。

（1）スポーツ観戦……サッカー、野球、相撲などの観戦
（2）舟遊び……いわゆる〝屋形船〟のほかにクルーザー
（3）観劇……映画、演劇、歌舞伎、音楽会、バレーなど
（4）旅行……国内・海外旅行
（5）その他……温泉、名所旧跡・寺院めぐり

先年、妻と中国に行ったとき現地の観光バスの中に、いとこ同士という女性たちが五人いました。東京・隅田川の屋形船では、いとこ同士三組がそれぞれの配偶者と一緒に他の納涼客に混じって夏の涼を楽しんでいました。結構、いとこ同士で交歓して

いるのだなと思った次第ですが、それでもここに述べたメニューはいとこ全員が参加というのは不可能でしょう。

好み、時間や日程のやりくりがあります。遠方のいとこは宿泊しなければなりません。いとこみんなと交歓し合うといっても、時間的・物理的に無理なことが多いものです。そのあたりを参加できない人たちとどう調節するかです。

祭りや催しに合わせて開くこともできる

他のいとこと居住地が離れているいとこの中には、自分の居住地の名物の催し物に合わせて、いとこ会を実施している人がいます。

宮沢真一さん（仮名、六十代、長野県諏訪市に居住、精密機器会社）は、諏訪神社の七年に一度の御柱祭《おんばしらさい》に合わせて、当地でいとこ会を実施します。七年に一度だけ、いとこ会の世話役を努めます（いとこ会そのものは二、三年に一回実施しているそうですが）。各地から参加したいいとこたちは、ホテルに宿泊して現地解散です。いとこたちからは喜ばれるし、自分も日ごろのご無沙汰を謝すことができるということです。

彼は苦笑いしながら言っていました。

「こういうときでないとみんなに来てもらえないし、来てもらえれば喜ばれるので嬉しいですよ。私のところは被害はないのですが、近所の家では御柱祭が近づくと、いままで逢ったことも、聞いたこともない親戚が急に増えましてね。アタマを抱えている家がありますよ」と。

現地で実施するとなれば、日本では祭りには不足しません。札幌の雪祭り、港祭り（函館）、ねぷた（弘前）、ねぶた（青森）、竿灯（秋田）、花笠（山形）、七夕（仙台）、風の盆（富山）、輪島大祭（石川）、吉田の火祭り（山梨）……北日本や中部に偏った取り上げ方をしましたが、もちろん関西地方以南でも豪華絢爛にして豪壮な祭りや催しものには事欠きません。上手に演出すれば、印象に残るいとこ会を開くことができます。早め、はやめに計画を立てて、スケジュールやホテル、交通機関などを手配しましょう。

宮沢さんは地元にいとこたちを呼び込んだ会合でしたが、若いいとこたちを中心にして海外に乗り込んだ例もあります。

現地の耳目を引いた海外いとこ会

水上久雄さん（六十代後半）は七年前に、義母を主役とした海外旅行を計画しました。氏は日ごろから、親族の集まりにもっと魅力のある有意義なことができないかと考えていました。と、フッと閃いたのは奥さんの母親、自分にとっては義母がちょうど八十八歳の米寿を迎えたのです。苦労した義母をなんとか喜ばせてあげたいとの思いで、海外旅行を考えたのですが、なにせ丈夫といってもかなりの高齢です。

そこで一計を案じました。どの国が高齢者を歓迎してくれるだろうか、治安がよい国、近い国、費用が安い国と絞っていくと、たどり着いたのは敬老の色濃い儒教の国「韓国」でした。

さっそく手紙・電話・ファックス等で一族郎党に呼びかけました。高齢者を連れての外国へのツアーは、不安や危険という疑念が先に立つのではないかと思いましたが、この呼びかけは一族の間で評判が良く、総勢二十五名のグループ・ツアーの編成ができました。

四十代の若手のいとこたちが中心になって義母のお世話をしながらの三泊四日の行程。どこを観光、見学するのも八十八歳のお年寄りを先頭に立てて回ります。現地では高齢者は国の宝と思っているお国柄だけに何事にも一行は最優先です。「そこのけそこのけお馬が通る」の感ありで、義母主役の企画は現地やホテル、旅行社の注目を引き、幹事役の水上さんは大いに面目を施したそうです。

現在、この義母の方は九十五歳で矍鑠《かくしゃく》としておられるとか、羨ましいかぎりです。翻って考えてみると、このツアー成功の裏には若いいとこたちのチームワークとフットワークがものを言ったとも考えられます。世代間の知識・認識の異なる現在、異郷の地での親族間の交流を彼らは側面からサポートしたのです。このことは彼らにも、現代の稀薄な人間関係をどう改善すればよいかの一助になったのではないでしょうか。

14　いとこ会ならではのプランはいかが？

二泊三日の結婚披露宴

私の古い友人、穴見徹治さん（七十歳）の例をあげましょう。彼はいくつかの会社に勤めましたが、生来、人の面倒を見るのを苦にしない性格なので、どの会社でも「ＯＢ会」や「同期会」「親睦会」を立ち上げたり、進んで発起人や幹事、世話役を引き受けて喜ばれています。今でも卒業校の「同窓会」「クラス会」の幹事も。それやこれやで今では彼がタッチしている会合は十指を超えるとか……。

そのいずれをもうまく回している幹事の秘訣を彼に聞くと、次のようなことを心がけていると言います。

①　大小の企画や実務は自分のボケ予防
②　賛同しやすい理由づけ
③　無理せず、欲なく、嫌味なく
④　まずは気さくに声掛けを
⑤　取り込み苦労もよい勉強

さて、彼は何年か前には「いとこ会」の形でこんな経験をしたと話してくれました。彼の次男が都内のホテルで挙式したとき、彼は自分側と嫁さん側の親戚四親等に入る親族に参加を求めました。長崎・岡山・兵庫・東大阪・名古屋・新潟・千葉・埼玉から親族が集まって、それは賑やかだったとのこと。結婚式と披露宴を含めて二泊三日のイベントになりました。

前泊の前夜祭は各身内で久しぶりの会合、それに花婿花嫁をそれぞれの兄弟姉妹の家族に紹介。挙式後の夜の二次会では姻族とも顔見せを含めて一大パーティ。旧交を温めるほか近親者の生き方も判り、各人がどんな時代をいかに生きてきたかを語れます。帰宅時間を気にしなくていいのですから、それぞれ味わいのある有意義な交流が生まれます。このとき、花婿・花嫁のいとこが会場のムードを盛り上げてくれました。

こういうこともいとこ会でできる

彼の発案によるイベントは、折に触れて参加者の間に今でも語られているそうです。通常の結婚披露宴に比べてオリジナルなものだったので、参加者の印象に残ったのでしょう。いとこ会はこういう発展系もあるのですね。

発展系といえば、いとこ会で次のようなプランも可能です。

① 思い出の写真を持ち寄ってアルバムつくり
幼児時代の遊び風景でも結婚式の写真でもテーマを決めればユニークなものができます。

② 生誕年一覧表
各いとこの誕生年月日に世の中の出来事を対比させた年表をからませて、世相

を眺めてみましょう。

③　家紋研究

現在、家紋は一九六〇種ほどあるといわれています。一方、名字は約十二万種類とか。家紋と名字は切っても切れない関係といわれますが、それぞれのいとこの家紋と名字を辿っていくのも往古を偲ぶものになります。

④　系図づくり

珍しい名字の人だけでいとこ会ができる

漫画『サザエさん』の開祖は「磯野藻屑源素太皆《いそのもくずみなもとのすたみな》」という愉快な名前の武士です。一方、忠臣蔵の大石内蔵助良雄の先祖は、系図を遡っていくと田原藤太秀郷に辿りつきます。秀郷は西暦九四〇年、平安朝初期の平将門の乱に将門を討ち滅ぼし、功績をあげたことで有名です。

いとこたちで名字を基に先祖の系図やルーツを検討していくと、思いがけない人が御先祖サマということになるかもしれません。

名字といえば鈴木・佐藤・田中・伊藤・林・後藤・渡辺・斉藤といった名字は数え

切れません。半面に珍しい姓の人もいます。私が今までに名刺交換をした人の中には次のような姓の人がいました。一（ハジメ）、九（イチジク―一字で九だから）、七五三掛（シメカケ）、熊野御堂（クマノミドウ）、五百旗頭（イホキベ）、三本菅（サンボンスゲ）、六本松（ロッポンマツ）、西院等（サイトウ）、中郁（ナカムラ）……。

こういう珍しい姓の一人、伊香富五郎さん（六十代後半、新聞社）は以前、私に次のようなことを話してくれました。

「伊香（「いこう」あるいは「いか」）という名字は全国に一三〇軒ほどしかいないと言われています。先祖は古代史に登場する羽衣の伝説や壬申の乱にも関係していたらしいのです。私は定年になったら全国の伊香さんと交誼を持って、『伊香のルーツを調べる会』をつくるのが一つの夢です。思わぬところに古い親戚がいると想像するのも楽しいですよ」

もし、いま彼に会ったら私は「『伊香いとこ会』をつくったらどうですか」と勧めるでしょう。

というのは、珍しい名字同士が交流することで、思いがけなく何代目かの先祖がいとこ同士だったということもあるかもしれません。だったら堂々と「□□いとこ会」

と表面に掲げて、楽しく先祖を研究してもいいではありませんか。

現在、兄弟の中に障害者を持つ家族が互いに連絡を取り合って、全国各地に「○○兄弟会」をつくっています。謂われなき差別と偏見と闘うために、互いに激励と情報交換、親睦を重ねているのです。血縁関係のない赤の他人同士が兄弟会と力強く表現したところに、この人たちの並々ならぬ決意が読み取れます。

また、パソコンのホームページのサイトで「兄弟会」を開いてみたら、コーギーという種類の犬を飼っている愛犬家の集いがありました。その集いを堂々と「△△兄弟会」と命名しているのです。愛犬家にとってはたまらない魅力でしょう。

とすれば、私たちはもっと気楽に何かの共通点に基づいて「いとこ会」をつくり、いとこ会ならではの企画と実行があってもいいのではないでしょうか。

15　「いとこ新聞」をつくろう

「いとこ会を持てば確かに楽しいいし、普段の疎遠な関係を回復できる。だけど、互いに忙しいいし、頻繁に会うのも難しいのではないか」

「最初は二カ月に一回会おうと決めたのだが、そのうち三カ月に一回、やがて半年に一回になり、今では忘れたころに、久しぶりにやろうや、ということで、気がついたら三〜四年経っていたよ」

「集まるのは一年か二年に一回ということでは、ちょっと寂しい思いをします。その間、何かないかしらねえ。割合親しくしているいとことはメールでやり取りしているけれど、ほかの方の動静が全然聞こえてこないでしょ。寂しいわ」

こういう声があります。いとこには会いたいけれど、そんなに頻繁には会えない。何か親近感や結束を確認するものがないか、ということです。

こういう願いには「いとこ新聞」で充足できます。そのための要領を述べてみましょう。「新聞」と書きましたが「会報」「連絡簿」と考えてください。

（1）編集員の選定（二〜三名）

自発的に応じてくれる人が一番いいのですが、そうでなければこういうミニコミ紙に興味や関心のあるいとこに依頼します。持ち回りで担当してもいいのです。

（2）新聞名（会報名）の決定

ただ「いとこ新聞」（「いとこ会会報」）では興がありません。いとこ会の性格やネライを端的に表わし、しかも親しみ深い名称がいいですね。

（3）掲載内容

小論文、随筆、自己紹介、近況紹介、リレー随筆、家族紹介、ペット紹介、俳句、短歌、わたしのサークル活動、旅行記、快適生活のヒント、わたしの子ども時代、次回案内……。写真を入れてカラフルにしましょう。

（4）発行回数

二カ月に一回、年に四回、半年に一回など、無理のない形で永続していきましょう。

（5）紙面の大きさ

A4判かB3判程度でいいでしょう。

（6）作成はハンドメードで

集まった原稿を業者に頼むことはありません。現在はパソコンで好きなように作ることができます。

（7）いとこ会ルポから始めてみよう

改めて「会報」とか「機関紙」と考えるから、億劫さが先に立ちます。そこで一番手ごろな作り方は、直近のいとこ会の内容をルポして（写真も入れる）、会合が終わって一カ月以内に各人に送付することから始めたらどうでしょうか。

ルポというと構えてしまいますが、回想記としてもいいのです。楽しかった思い出が満載されていれば十分です。その記事が次回の呼び水になります。

（8）原稿依頼には

「手紙を書くのも苦手なのに、原稿などとんでもない」という人が多いので、編集者は苦労するのです。身辺雑記や日記帳を書くつもりで書いてほしいと言ってみましょう。

また原稿を頼むときに、原稿用紙で三枚とか、「読みやすく書いてくれよ」と言うので、相手はびびってしまうのです。「広告の裏に殴り書きでもかまわないよ」「電話するから電話口で読み上げてくれないか」でもいいのです。

第4章

みんなで"いとこワールド"を盛り上げよう

1　幹事（世話役）を助ける――潜在司会の務め

顕在司会と潜在司会

どんな会合や会議でもそれをスムーズに展開させるために、幹事、世話役、議長、司会者、進行係といった役割が必要です。しかし、大掛かりで重要な会合や会議になると、かなりベテランの幹事や司会者でも、計画通りにいかないのが通例です。そのため、かなりの人数の幹事補助や司会補佐役を配置します。

しかし、いとこ会で参加者が五十人以上というのは聞いたことはありません。多くても二、三十人内外でしょう。しかも身内ですから大げさに幹事団を置いたら、かえって参加者は白けてしまうでしょう。だからといって、一人や二人の幹事に悪戦苦闘させていいというものでもありますまい。

参加者各人が自発的に幹事の役割を側面から援助する、隠れた司会者を務めたらどうでしょうか。私はこの役割を「潜在司会」と言います。幹事や世話役は参加者に会合の通知を出したり、開閉会の際にあいさつをするので、みんなは今日の進行責任者は彼（彼女）だな、とわかります。言うならば「顕在司会」です。

また食べ物の話ですが、冬の夜に気心の合った仲間と寄せ鍋やすき焼きを囲むのは、心身ともに温まります。ただ話に夢中になっていると、鍋の中の具が煮詰まったり、汁がなくなったり、食べごろを逸したりします。また、みんなが勝手にさまざまな具を入れたりするので、肝心の味加減がわからなくなったりします。

このとき、材料を入れる順序や食べごろを指図してくれたり、責任を持って煮方をつとめてくれる鍋奉行がいます。みんなも安心して彼に頼ることができるので、ますます座は盛り上がります。この鍋奉行が顕在司会者。

でも、鍋奉行がいれば万事オーケーではありません。奉行が料理しやすいようにそれとなく材料を運んだり、煮えた具をみんなに公平に配分したりする与力や同心も必要です。ついでに鍋の灰汁《あく》をさりげなく、こまめに掬ってくれる「あく代官」がいれば申し分ないでしょう。これらの役割が潜在司会者です。

さりげなく……が潜在司会のつとめ

さりげなくといえば、今から二十年以上も前に、マッチこと近藤真彦さん歌う『ギンギラギンにさりげなく』（作詞・伊達歩、作曲・筒美京平）というポップスが大ヒット

しました。「ギラギラしている（ギンギラギン）けれど、なにげなく（さりげなく）」ということでしょう。ギラギラとはどぎつく光り輝くさまのことです。そのあとに、さりげなくとは、どうも言語矛盾を感じますが、まあ、詮索はやめて、潜在司会はさりげなくするところに価値があるので、ギンギラギンでは困るのです。潜在司会がスタンド・プレイを演じてはいけません。

潜在司会とは俗にいう、気くばりのいい人であり、座持ちのうまい人です。こういえば、だいたいの輪郭はつかめるでしょう。こういう人は自分で「今日は私が気くばりを努めるのでよろしく」とか、

「座持ちは私に任せてください」などと公然とあいさつはしません。そっと要所要所で気をくばっています。

たとえば、どんな会合でもよくある例ですが、定刻になって、あまり馴れていない幹事や世話役がボソボソとあいさつを始めているとき、ある参加者が隣り同士でよもやま話に夢中。他の参加者はそちらを舌打ちして眺める……といったシーンを見かけることがあります。手馴れた幹事なら自分の役割として「そこ静かにしてください」と言うでしょうが、馴れていない幹事は困ったような顔。このとき、さりげなく誰に言うともなく「サア、あいさつが始まっていますよ」と場を救ったり、小さく拍手してみんなの注意を幹事に向けさせる……。これが潜在司会です。いとこ会も例外ではありません。

潜在司会アレコレ

このほかにも馴れない幹事になると、目の行き届かない面はあるものです。それをいちいち小声で指摘するのは、気くばりというよりもお節介です。自分で処理できるものは処理して、幹事に余計な負担をかけないようにしましょう。たとえば以下のことなど……

●酒やビールがテーブルになくなっているとき、またアルコール類を飲めない女性のためのジュースやウーロン茶が少なくなっているとき、大声で「幹事！　酒がないよッ」と言わずに、料理屋などで開催したときは、トイレに行く振りをしてそっと店のお姐さんに耳打ちをして、持って来させる……。あるいは、いとこの家を借りて実施するとき、部屋の隅に置いてある酒瓶やビール瓶を自分で持ってきて、涼しい顔で両隣りに「さ、どうぞ」と瓶を傾ける……

●独りぽつねんとしている人がいれば、彼（彼女）の手元の飲み物具合を察知して、ビールやジュースを持ってそばに行き、「きょうはご苦労さん。どう？　おばあちゃんの具合は」などと話しかける……

●部屋の冷暖房が効きすぎたり、弱いときに「まったく暑いな（寒いな）、この部屋は」と文句を言って幹事を慌てさせない。そっと席をはずしてエアコンを調節したり、窓や襖の開閉を行う（外の騒音を考える）……

●家族（配偶者や子ども）同伴のとき、得てして子どもはみんなの団欒の和からはみ出るもの。そばに行って話し相手を務めて、参加したことを後悔させないようにする。他のいとこを誘ったり、彼にバトンタッチして、少しの時間でも子どもを退屈させないようにする……

●閉会時間が近づいたころを見計らって、幹事に「こんな意見が出ていたので、一つの参考としてアタマに入れておいてくれや」と、さりげなく伝えることも必要。幹事はそれによって閉会をスムーズにすることができる……

潜在司会とは結局は〝気くばり〟ということにつきます。一方、〈あ、これはまずい、早く何とかしなければ〉と、ほかの誰よりも早く事態を察知しながら、私などが出しゃばったら何と思われるだろうかとか、そのうち誰かが気づいて何とかするだろうと、引っ込み思案でいるのは〝気づかい〟といいます。潜在司会は誰がやってもいいのです。たとえ、いとこ会に初めて出席した人でも。

もちろん、潜在司会は座敷で実施するときだけ必要な気くばりではありません。スポーツ観戦、舟遊び、旅行……（一六三ページ）など、どういう場でも必要なことです。

2　突然スピーチを指名されたらこの手がある

他の会合と同様に、いとこ会でも開会や閉会には、幹事や世話役のスピーチ（あいさつ）があるのが通例です。問題は幹事のあいさつだけですぐ次のスケジュールに移るならいいのですが、場合によると幹事は気を利かせたつもりで、またみんなで盛り上げようとする配慮かもしれませんが、「□□君、何か一言」とか、「△△ちゃん、久しぶりの参加だね。ひとこと感想を」「▽▽さん、女性として何かしゃべってくれよ」と、急に振ってくることがあります。

このとき「なんだよ、急に」「突然指名するなよ」「だめよ、私は。びっくりさせないでよ」などと、顔の前で大げさに手を横に振ったり……。会場はもう拍手が起こっています。両隣りからはニコニコ笑いながら指名された人を促しています。幹事や世話役の顔をつぶさないように、文字どおり一言でも口を切るのが場に対する気くばりというものです。

私がお勧めしたいのは次の三つのやり方です。

会場に来るまでのことを話す

たとえば、こんなように話してみます。

「きょうは少し早めに家を出ました。この○○会館なら公園の脇だから、まだ桜が見られるかもしれないと考えたからです。うららかな春の日和で、アベックの若い男女がボートを漕いでいたり、可愛い子ども連れのパパとママを何人か見かけました。

そういえば前回のいとこ会はたしか二年前の秋でした。帰りに冷たい雨に見舞われたな、などと考えているうちにこの会館の玄関に着きました。いち早く私の顔を見たタカちゃんが、『しばらく』と大きな声で呼びかけてくれました。『早いね』と私もあいさつをかわして、この会場に入りました。懐かしい顔があちらこちらに見受けられました。

＊『よお、来たね』と、いま私の隣りにいる佐々木さんから声を掛けられて、一別以来の話をしているときに、きょうの幹事の森本さんから『そろそろ始めますよ』と声がかかった次第です。

みなさん、お互いに元気で何よりです。きょうも前回以上の楽しい一日を期待しています、どうぞよろしくおねがいします」

こんなふうに新鮮な感覚、出来立てのホヤホヤの感情を軸にしながら、素朴な気持ちで話を進めるだけでいいのです。

スピーチというと妙に肩の凝るしんどいことと考え勝ちですが、何の演出も考えずに、思い浮かんだ情景をありのままに述べるということならすぐできるはずです。それでいて、練りに練ったスピーチに劣らない感銘深いものになります。

このやり方は閉会時に幹事から「○○さん、何かきょうのいとこ会についての感想を……」と水を向けられたときにも使えます。前半は同じですが、後半は＊以下を次のようにすればいいのです。

「森本さんのあいさつとタカちゃんの司会で始まったいとこ会も、あっというまにこんな時間になりました。いやぁ、きょうはほんとに楽しかった。わざわざきょうのために来てくださった源一伯父と隆子叔母の歳を感じさせない元気さに圧倒されたことも嬉しかったし、藤子ちゃんが入院後にすっかり元通りの健康を取り戻されて、きょう参加されたことも、よかったなあとお喜び申しあげます。

みなさんのその後の様子など、年賀状などでわかってはいましたが、互いに頑張っていることをここで直接聞いて、やはり俺たちのいとこはほかとは違うぞと意を強くしました。

次回はいつになるのか、このあとタカちゃんから報告があるのでそれを楽しみにしています。ほんとに参加してよかった。みなさん、どうもありがとう」

「本日は晴天に恵まれ」ていなくとも、話の切り出し方はいくらでもある

晴天の　はずの祝辞へ　雨が降る　　巷雨

こんな川柳が読まれるように、スピーチのマクラには、「本日は晴天に恵まれまして」をはじめ、「本日は定刻もだいぶ過ぎて」「かくも多数お集まりをいただき」など、さまざまな常套句（きまり文句）があります。また幹事や司会者、さらに一般の人びとの中にも、常套句で始めるのがスピーチのマナーだと思っている人が多いようです。

ところが、川柳の文句ではありませんが、晴天のはずだった天気がぐずつき、会合が始まったころ降りだしたりすることがあります。こういうとき「えー、本日は晴天に恵まれて……いないようですが」と切り出すこともできず、照れくさいやら恥ずかしいやらで、いとこ会そのものもうらめしくなります。

こういうときこそ慌てずに、せっかくの雨を上手に利用すると、常套句では出せな

い味のあるスピーチができます。

「本日は晴れるかと思っていましたが、ごらんのとおりの雨で、むしろ私たちをすっぽり包んでくれるようです。かえって落ちついて本日を目いっぱい楽しむことができるような気がします。そう思いませんか……」

「本日は定刻をだいぶ過ぎる……のではないかと思われましたが、早々に熱心なみなさんの集まりで私も早く来てよかったとほっとしています。きょう一日を思い切り楽しく過ごさせていただきます。実は昨晩、世話役のナベちゃんからこんな電話がありまして……。というのはこんなことなんです。（中略）そんなわけで、みなさん、きょうは幼なじみの昔に帰って過ごしましょう」

「乾杯の音頭とあいさつを頼むと、先ほど急に指名されましたが、だいぶ定刻を過ぎておりますので、あいさつ抜きで始めたいと思います。目の前の盃やコップを持ってください。月並みな言葉ですが、皆さんや伯父、叔母たちの健康を祈って乾杯します。では……」

　どうですか？　ありきたりの世間体のいい文句でお茶を濁すよりも、はるかに臨場感のこもったスピーチになります。「あいさつ抜きで始めたい……」というあいさつもあることを知ってください。

文字どおり「一言」で、すばらしいスピーチができる

テーブル・スピーチと猫のしっぽは短いほどよい——イギリスの警句です。あいさつが一言で済むなら、これに勝るものはありません。ですが、世の中には「エー、それでは一言ごあいさつを申しあげます」と口を切りながら、延々五分、十分と続ける人がいることは、スピーチの場に出席した人ならご同感でしょう。

「宮本武蔵」や「太平記」で有名な名弁士・漫談家で、話芸の神様といわれた故・徳川無声氏は、娘さんの結婚式で式が滞りなく進行して、いよいよ新婦の父親の出番になりました。出席者一同、どんなすばらしいスピーチが聞かれるかと期待していたところ、たった一言、

「うまくやってくれよな」

当代切っての話術の第一人者がこみ上げてくる感情をグッと抑えて放ったこの一言は、数万言にもまさって満場に感銘を与えたことでしょう。

あるいとこ会の第一回の会合で、ものめずらしさもあって、いとこばかりかかなり

のそれぞれの家族も集まり、総勢三十数名になりました。発起人たちは嬉しい悲鳴をあげんばかりの喜びのうちに、いよいよ会はお開きに近づきました。発起人の閉会あいさつの前に誰かに一言あいさつをしてもらおうじゃないかということになり、いとこの中でも年長者の一人近野さん（六十代）に白羽の矢が立ちました。発起人の一人の長兄にあたる人です。近野さんはすごいテレ屋で、この日も会場に来てから弟さんに「あいさつをさせるならオレはすぐ帰るからな」と凄んで（？）いたそうです。

司会者に促されて近野さんはマイクを握りました。ほかのいとこたちは近野さんがスピーチ恐怖症のことは知っていましたので、どうなることかと固唾を呑んで近野さんの口元を見つめていると、彼は真っ赤な顔で突如大手を振り上げ、破れるような大声で、

「〇〇いとこ会、バンザーイ、バンザーイ、バンザーイ」

参加者の大人も子どももつられたように、つぎつぎとバンザイを叫び、拍手の波が起きたとか……。

一言は何もバンザイだけではありません。

「よかった、よかった、ほんとに参加してよかった」

「天国にいる親父たちに見せたかった。そう思うでしょう、みなさん」

これならば話材に困ることはありません。要はいとこ会の門出を心から祝っているという気持ちが表われていればいいわけです。模範的なあいさつを紋切り型に言うよりも、どれほどすばらしいことか。

3 いとこ会に出席しているのは「わが家」や「わが社」だけではない

誰のための披露宴なのか

次のような結婚披露宴に出席したことはありませんか。

恒例のスピーチが始まると、万障繰り合わせて出席してくれたほかの人びとを無視して、さかんにムードづくりをする一団。

「では、ご指名を受けましたので一言ごあいさつをさせていただきます。その前にちょっと……『○大生、全員起立!』、『オッス』、ではごあいさつを。○大生一同を代表して……」

スピーチが終わるまで、黙って突っ立っているかつてのクラスメイトは、まるで木偶《でく》人形もいいところです。新郎は○大生でした。

かと思うと、スピーチをする人が、そろいもそろって「わが社」を連発します。新郎は「わが社」勤務。

「先ほどあいさつされた凸山課長の下でしごかれております凹川です。えー、わが社は……」

「凹川係長のプロジェクトチームにいるゴマ・スリ雄と申します。わが社の現状は……」

「新郎と同じ課の同僚の鼻野高志です。同じ課を代表いたしまして……」

わが党意識丸出しで、肝心の主役の影はかすみ、「わが社」以外の参列者がシラけきってしまうのも無理はありません。

結婚式に出席してくれているのは、「わが校」や「わが社」の関係者ばかりではありません。幼なじみあり、趣味やスポーツの友人あり、いとこありで、新郎新婦は自分たちのグループだけの主役ではありません。わが党意識丸出しのスピーチは大きなマナー違反です。かわいそうに遠い郷里から駆けつけてくれた小学校時代の親友は、独りションボリ小さくなっています。

主催者の気くばり欠如もありますが、スピーチをする人の非礼も責めなければなりますまい。

いとこ会に「わが家」「わが社」を持ち込まない

いとこ会でも似たようなことがあります。酒が入ってザックバランな懇談になると、いつの間にか「わが家」の兄弟姉妹が一カ所に固まって、他のいとこたちを眼でねぶり回したり、自分たちの両親の話になると待ってましたとばかり、入れ替わり立ち代わり、「ウチの父は……」「ウチの母は……」。あるいは「おれは会社で……」「私ったらこの前……」など、もっぱら「わが家」のオンパレード。いとこ会はその人たちの「わが家」だけが集まったものではありません。

「わが家」と同じように、「わが社」もよく話題に出ることがあります。先に述べたように（八四ページ）、中小企業以下ではトップと幹部社員がいとこという関係が時々あるものですが、問題はそのいとこ同士がいとこ会に参加しているとき、いとこ会ではなく「わが社」会になっている光景が見られることです。

「わが社」の社長を務めているいとこ（A氏）が他のいとこに取り囲まれて、さかんにわが社の経営方針やら将来の展望を、小難しい経営用語を織り交ぜて語っています。みんなは半ばあっけにとられて、よく動くA社長の口元を見つめています。気をよくしたA社長はまだわが社のＰＲが足らないと思ったのか、向こうでほかのいとことしゃべっている、いとこのＢ部長を呼びます。

「オイ、部長、こっちへ来んか」

「ハイ、社長、なにか？」

「今な、わが社の来年度のシェア・アップについてみんなに話していたんだがな、そのドキュメントはもうできているな」

「いえ、明朝いちばんで販促部にオファーしようと……」

いとこ会に来てまで社長と部長の関係が離れられない二人の特異体質（？）に、もうみんなはお手上げです。ほかのいとこたちはA、Ｂの「わが社」の社員や関係先ではありません。公私混同（？）もいいところです。

いとこ会に参加したら、いとこよりも血の濃い親子・兄弟関係の「わが家」意識、ビジネス関係の「わが社」意識は捨てて、子ども時代に睦み合った対等・平等の関係で、短い一日を楽しみたいものです。

そうしないと、いつかは「いとこ会は楽しいよ。だけど、あの連中はまったく不愉快だね。しまいに腹が立ってくるよ」と異分子扱いされるようになります。

4　故人を懐かしむとき

想い出を回想する気持ちはわかるが……

人生の終焉を迎える葬儀は、数年前から大がかりな形式だけのものはやめて、家族や近親者だけで「密葬」を行い、日を改めて生前親しかった人びとに参列していただく「お別れ会」「偲ぶ会」に切り替わるようになりました。とくに、ビジネス界のリーダーや作家、画家、芸能人、スポーツ人、有識者に多いようです。

式場にスクリーンを設置して故人をスライドやビデオで紹介したり、故人の人生をあらわす年代別の写真や展示コーナー、なかには音楽やナレーション入りの演出まであります。会葬者は気ままに列席者と故人を偲んで回想に耽ったり、エピソードを披瀝し合ったりして、故人の冥福を祈り、かつての親交を回想するというスタイルです。

いとこ会でも当然、親しかった故人の話題は出ます。この際の故人とは、まずは何といっても各いとこの親（ほかのいとこにとっては伯父〜叔母）です。さらに、残念ながら他界した仲間のいとこです。いとこ会の開催が、亡くなった日から三回忌以上経過していれば、同じ故人の思い出を語るにしても笑いが入るでしょう。

座のあちらこちらで島ができて、そこに三々五々集まって在りし日の伯父〜叔母の話に花が咲きます。しかし、つい口が滑って故人のあることないことを身振り手振りで語られ、それを周囲が腹を抱えて笑ったり、またそのムードが話し手を刺激してさらに次第に話がエスカレートしていきます。やがてその一事が△△伯父や□□叔母のプロフィールとして定着してしまっては、とんだ親不孝ならぬ「親戚不孝」と言わざるを得ません。

「それは違うよ」「今の話はキミのフィクションだよ」「大袈裟すぎるよ、それは」と、訂正したくても場のムードで口を挟めない良識派や正義派は、苦々しい想いでその場を外すことが精一杯かも。

解毒剤を使って毒素を薄める

こういうとき、話し手は発言者の責任として、はっきりと事実と判断できなければ、解毒剤（毒消し）を使うマナーを心がけてください。

「オレのカン違いかもしれないので、違っていたらお詫びするが……」

「古い話だから大袈裟になるかもしれんが……」

「……ということだ。私の錯覚だったら誰か訂正してくれ」

話の前後に解毒剤を振りかけて、又聞きや風説かもしれない内容を薄めたり、帳消しにするのです。

私事ですが、父が亡くなって祥月命日によく追想に来てくれた知り合いがいました。得々として私たち家族や近所の人に、

「あんたたちは知らないけれど、あんたらのお父さんは結構外ではかなり飲んでいたよな。その飲み方も水を飲むように飲むんだから、こっちはたまったもんじゃないよ。タバコもチェーン・スモーカーだったな」

ほかの誰かさんとカン違いされているようです。冗談じゃありません。父は酒もタバコも口にしない人でしたが、身振り手振りで語るそのしぐさに、「講釈師　見てきたような　ウソをつき」で、居合わせた人は父の隠れた一面と受け取ったようです。二、三年続けて見えたその方は、いつも表現は違っていても父の酒とタバコを話題に

します。

父の名誉（？）のために私はある年、お礼とともにその方のカン違いを丁寧に指摘した手紙を送りました。以後、その方は二度とわが家に現われることはありませんでした。思い返すと心が痛む話ですが……。

その方が「違っていたらゴメンナサイよ」と解毒剤を使いながら話してくれたら、私も笑いながら訂正したでしょうが、はっきり断定する口調だったので、つい私も言いそびれてしまったのです。

兼好法師も呆れた

吉田兼好の『徒然草』は私の六十年前からの愛読書で、今でも時折読み返すことがあります。この第百四十三段に次の一節があります（松尾聡著『徒然草全訳』清水書院）。

「人の臨終の有様が非常に立派であったことなどを聞くのに、『ただ物静かで取り乱したことがなかった』というなら奥ゆかしいのに、ばかな人は、普通とは変わった有様をつけ加えて言い、その人が臨終のときに言ったことばも、行いも、自分の好きなほうにひきつけて無理にも褒めるのこそ、その（亡くなった）人の、平生の本来の意思ではないだろうと感じられる」

兼好は、死者の言動を都合よく自分勝手に脚色するな、と戒めているのです。さらに兼好は第七十三段で次のように言います。

「人は実際以上に大げさに、事をわざとこしらえて言うものであるのに、まして年月が過ぎ、場所も隔たってしまうと、言いたい放題にこしらえて話せば、そのまま（それが事実として）きまってしまう」

そして兼好は釘をさします。「よき人は怪しきことを語らず」と。故人の話は当人がいないだけに、鼻をピクつかせて得意げに語る本人は、周囲の耳目を引くでしょうが、事実と違うのですからとんだ罪作りです。

5　気分のいいアルコール・コミュニケーションでムードアップを心がける

日本名物"酒飲み憲法"罷り通る

「お神酒《みき》上がらぬ神はない」（神様だってお酒を供えられれば召し上がる。人間が飲んで悪いはずはない）という、飲むことを正当化した言葉があります。ですから、祭

りだ、法事だ、婚礼だ、村の寄り合いだ、自治会の打ち合わせだ、と飲む材料に事欠きません。サラリーマン社会でも仕事の打ち合わせ、上司や会社の批判、取引先へのグチなどを帰途の一杯とともに行います。これをしゃれて（?）アルコール・コミュニケーション。どうも私たちの人間関係には赤提灯がついて回るようです。

さて、会合で数名のあいさつが終わり、各人の盃やコップに酒が満たされると、次第に座が賑やかになってきます。これはこれで楽しいのですが、年配者で自他共に酒飲みといわれている人ほど、あまり飲まない人とは違った次のような特有のルールやつき合い方があるようです。
・飲めないヤツ、飲まないヤツはつき合いにくい
・差した盃を受けないヤツは何か含むところがある
・飲んだ盃を返杯しないヤツは礼儀知らず
・「お流れをひとつ……」と言わないヤツは可愛げがない
・「まあ一杯いきましょう」と言わないヤツは人見知り
・飲んでいてもクソまじめなヤツは陰険
・酔ってエッチなことを口にするヤツは心を許せる
・酔って「キミだけに話すんだが」「ここだけの話だぞ」とシークレット情報を提供してくれるヤツは親しめる
・アシが出たら黙ってそれを負担しない幹事はシミッタレ野郎
・男性に酌をしない女性はお高くとまっているヤツ
・やたらに酌をして回る女性はスレッカラシ

いやはやまことに自分勝手な憲法（？）です。まあ、これが職場の上司なら、気く

ばりのよい部下はまた始まったと上手にあしらうでしょうが、いとこ会のメンバーともなれば職場の倫理（?）は通用しません。こんな前近代的な風習に辟易したあるいとこ会では、女性の間から轟々の非難が出ました。

「お酒は一人の分量を決めておいてください」

「飲み会ではないことを幹事は必ず徹底してください」

「私たちを飲み屋の女の子と間違えないでください」

そう、いとこ会はたびたび述べているように、片方の親は兄弟姉妹というかけがえのない関係なのです。どの人間関係にも見られない愛情と親近感を惜しみなく発揮できる場です。だからといって、「いとこの間だからいいじゃないか」という非常識やマナー違反が通用するようでは、いとこ会の存続は危ぶまれます。

一般の飲み会でも必要なことですが、いとこ会でも心得ておきたいことを次に述べてみましょう。

無理じいしない

「久しぶりだね、ま、一杯いこう。さあ、グーッと空けてくれ」はいいとして、次々と盃やコップを満たすのは、相手を強制することになります。間隔をおきましょう。

「なんだ、ちっとも飲んでいないじゃないですか。グッと空けてくださいよ」

「だいたい、アンタはいい人なんだが飲まないからダメなんだ。さ、やりましょう」

どうして、こう人にやたらに飲ませたいのか、鉾先は女性にも向きます。

「ミッちゃん、たまにはいいだろう、こういう機会でないとアンタとは飲めないからな。え？ 飲むと気持ちわるくなる？ だいじょうぶ、ボクがついているから安心しろって」

女性にとっては安心するどころではありません。余計に身の危険を感じるかも。

さらに、飲めない人が遠慮がちに食事にすると、

「おや、もう食事？ つき合いが悪いな、人が飲んでいるのに、そばでメシを食われたんじゃたまらんよ」

相手だって言い分があります。もうかなり時間が経っているし、何かダラダラしたムード。もうそろそろ酒席も終わるのじゃないかと思ったから食事に取りかかったのに……。「こっちがメシを食っているのに、そばで酔っ払ってクダをまくのはやめてほしいな」と言いたくなります。

さらに、いとこの間柄という気安さがあるのでしょうか。相手が飲みすぎてノビてしまうと、

「どうした？　だらしねえぞ、起きろ、起きろ」

相手を起こして口元に酒を流し込む……。酒に強いことは美談にはならない時代です。

一カ所にいつまでも滞留しない

次々とテーブルを回って酒を注いで回るこまめな人がいます。久しぶりに会った喜びはわかりますが、ある人の前や隣りで一カ所に長く滞留することはやめます。ほかの人もその人と話したいことがあるかもしれないのに、いつまでもその人を独占することはやめましょう。なかには、ほかの人を呼び込んでまで腰を落ち着けるのは、独占禁止法違反（？）ですぞ。

ついでに言うと、酒を注ぐときに相手の好みや今飲んでいるものを確かめてから注いでください。

ビールしか飲まない人に「たまには日本酒もどう？」と強引に迫ることはやめます。

また相手にこまめに注ぐくせに、自分の盃やコップには自分で注ぐ人もいます。酒

好きの中には「手酌でないと飲んだ気がしない」というタイプも少なくありませんので、無理に注ぐこともありません。手酌派は「いつも失礼して自分で注いでいるので」と断ってください。そうしないと相手は余計な気を回します。人それぞれだから無理することはありません。

さらに、酒席では「献酬」(盃のやりとり)の習慣が根強く残っている地方があります。若い世代はこの順序を逆に考えている人が多いようです。相手に酌をするなら、相手の盃をまず受けることです。「お流れをいただかせてください」とこちらの盃に注いでもらってから、あるいは相手の飲んだ盃に注いでもらい、それを自分が先に飲んでカラにした後、その杯を相手に返して盃を満たすことです。

他人が口をつけた盃から酒を飲むことの不衛生感はひとまず置いて、酒席には「盃をとりかわした仲」というスキンシップの意味がこういう行為にまだまだ残っているのです。

自分の酒量をわきまえておく

酒席では、そのときのムードやお酌上手の人がいると、自分のキャパシティ以上に飲んで（飲まされて）しまうことがあります。それでいい気分になるならよいのですが、気分が悪くなったり、途中で席をはずしたり、羽目をはずして周りにからんだりしては、周囲の迷惑この上なしです。

「あの人もふだん飲まないときはいい人なんだけれど、飲むと人が変わったようになるから」

「彼は飲むと周りにからむだろう。ウチの親戚にはああいうタイプはいないはずだけどねえ」

周囲から憐憫の目で見られたのでは、とんだ親不孝者といとこたちから軽蔑されるでしょう。

日常、自分の酒量を知っておき、ある程度キャパシティ間際まで飲んだら注がれても、「いや、もう十分にやっているから」と辞退する勇気が必要です。

食べても食べてもまだ食べる肥満児に、それまでは「ケンちゃん、もうやめなさい。ハイ、もうごちそうさまね」と牽制していた母親が、さらに子どもからしつこく催促されると声を荒げて、「その一口が豚になるッ」。これで子どもはやっとあきらめます。

飲んでも飲んでもまだ飲み足りないような顔の人に、「その一杯が狂人になるッ」

とはまさか言えません。結局は本人の自制心しかありません。

酒席ではシラフのときとは違った、相手を和ませ楽しませる隠れた一面を演じたいものです。

「へー、謹厳実直を絵に描いたようなヤマちゃんに、こんなユーモラスな面があったとはね、いやぁ見直したよ」

「イクエさんは人嫌いかと思っていたけれど、飲むと結構さばけた女性じゃないか、いや、人は見かけによらないもんだ。なかなか愉快な人だ」

こんな声が上がってこそ、いとこ会冥利に尽きると言えましょう。

このように考えると、酒をたしなむ人は飲まない人に比べて、もう一つ別の世界を持っていると言えます。その世界を座にプラスの形で演出したいものです。

故・学習院院長の安部能成先生は、ふだんは謹厳で通っていました。ある日、宮中からのお招きで参内して、すっかり酩酊してしまいました。たまたまその席におられた少年の皇太子殿下（現在の天皇陛下）の手をとって〽汽笛一声　新橋を　はやわが汽車は離れたり……と、鉄道唱歌を歌いながら練り歩いたと言います。ビックリした幼少の皇太子殿下のお顔が目に見えるようです。安部先生の日常の一面にこの愉快な姿を見出した人は、この一事を見なかった人よりも安部先生に対する理解と信頼は深いでしょう。

6　カラオケで留意したいこと

年忌に「カラオケ忌」があった

今や懇親を主とする会合はレストランや料亭で飲食、二次会はカラオケが現代のトレンドになった感があります。それどころか、舟遊びもカラオケ、バスやお座敷列車の旅行の車中もカラオケ、企業の宿泊研修のあとの懇親会もカラオケ、果ては結婚披露宴も後半になれば出席者のカラオケ大会で、新郎新婦はそっちのけという地方もあります。

こうなると、接待客や参加者も負けてはいません。招かれたとき、当然のように「カラオケの用意はあるんでしょうな」。宴たけなわの最中に「どこか歌えるところに席をかえたいですな」

最近驚いたことは、故人の十三回忌の追善供養のときのことです。住職の読経、墓

参りは一連の行事ですが、そのあと場所を替えて料亭でのお礼の宴席がカラオケでした。私も出席しましたが、施主のあいさつで、

「極めて粗酒粗飯ですが、お時間の許すかぎり、故人の生前のお話でもお聞かせいただければ幸せと存じます」

するとご、二、三人のあいさつのあとで、列席者の一人が曰く――

「私はたいした話もできないんで、故人が好きで歌っていた歌でも歌って供養に代えたい」

さっそく会場に備え付けのカラオケセットのスイッチが入りました。故人が好きかどうか確かめようがないうちに、次々と他の参会者も呼応して目まぐるしく歌が流れます。施主のお礼の言葉の中に曰く――

「故人は賑やかなことが好きだったので、十三回忌ともなれば、何よりの供養と冥土で喜んでいることと思います。本日はお忙しい中を……」

私は今まで数多くの法要に出席しましたが、「カラオケ忌」は初めてでした。

現代はカラオケと会合は表裏一体となっているようです。それなら当然、カラオケを通じて親睦や懇親の工夫と企画が大切になってきます。工夫と企画といってもカラ

オケ設備というハードよりも、いかにみんなで楽しむかというソフトがものを言います。そのソフトは──

カラオケが始まったら話はやめる

今やカラオケは曲を選定すればスクリーンに絵と歌詞が出てきます。自分が歌わなくても、みんなの視線はそちらに流れます。話どころではありません。だいいち耳をつんざくようなカラオケの音響の中で、向かい側の席の話など聞けたものではありません。仲間が歌っている最中に、これ幸いと隣り同士で額を集めて話をしたり、歌い終わった相手が上機嫌で席に戻ったときに、自分たちの話を急にやめてお義理で拍手はしないことです。なかでも、剛の者は相手と話を相変わらず続けながら、視線を歌い終わった人に向けることもなく、パチパチとまばらな拍手。これでは戻って来た人は内心コノヤロウ！　とムッとするに違いありません。

歌う順番は？

得てして、歌いたいから参加した人、またカラオケで自慢のノドを披露したい人は、

司会者の「これより第二部カラオケ大会に移ります」のあいさつに、待ってましたとばかりシャシャリ出ます。

まずは来賓の伯父～叔母や招待した人に譲りましょう。「伯父さん、叔母さん、まずは皮切りにどうぞ」と。これが礼儀です。

このとき「いや、私の歌はかなり昔のものだからカラオケにないよ」とでも言われたら、すかさず「待ってました。その懐かしのメロディを聞きたいですね」と水を向けてみます。それで歌ってくれたら、みんなで手拍子を打ったり、合いの手を入れて盛り上げればいいし、遠慮されるなら「では、あとでお願いしますよ」と引っ込めればいいでしょう。

やはり最初に歌う人には会の長老というか年配者を立てます。しかし、司会者の中には早くムードに乗せたいのか、「では、ヘタですがまず私から」と歌い出す人もいますが、やはり会のメンバーに歌ってもらうのが先でしょう。

歌い慣れている人、苦手の人

また、どんな会でもカラオケで場数を踏んでいる人、玄人《くろうと》はだしという専門家顔負けの人がいるものです。こういうセミプロ級の人に、司会者は「まず〇〇さんから盛り上げてもらわなくては」と指名しますが、そのあと歌う人のやりづらいこと。もし、あなたがこういうセミプロ級ならどうしますか？

いちばんいいやり方は、やはり来賓やメンバーの中の年配者に歌ってもらうことです。自分がわざと苦手の曲をヘタに歌って座を盛り上げるのも一興ですが、そこまでする必要があるかどうか。また遠慮しておきながら「では前座に一曲」と歌って、あまりうますぎるのも妙に座がしらけるものです。みんなの歌が途切れたころに歌うことですね。

では、あなたがカラオケは大の苦手というならどうしますか。「歌わせるなら、そろそろ失礼するよ」はダダをこねている子どもと同じ。「誰か代わりに歌ってくれよ」は、ヘタながらもすでに一曲歌ったあとならいいでしょう。やはり指名されたら「相変わらずの音痴だけれど」と言って素直に歌うことですね。童謡でも民謡でもいいではありませんか。

デュエットしたいときはどうする？

いきなりお目当ての女性の前に行って、強引に相手の手をとってカラオケの前に連れて行くのは、「拉致《らち》」と変わりません。歌う順番の前にあらかじめ「カオルさん、いっしょに○○を歌ってくれるか」と了解を求めましょう。あるいは「誰か〝居酒屋〟をデュエットしてくれませんか」と誘うことです。

家族同伴で出席しているいとこに、いきなり「田中クンの奥さん、いっしょに歌いましょう」は失礼です。やはり事前に「田中クン、奥さんを借りていいかい。〝ギンコイ（銀座の恋の物語）〟を歌いたいんだ」と二人の了解をとっておくことです。

それによって奥さんの反応がつかめます。歌えるかどうか、かなり歌い込んでいるかどうかがわかるし、デュエットを嫌がっているかどうかもわかります。

相手が歌っている最中に歌に割り込まない

相手が気持ちよさそうに歌っている最中にマイクを持って勝手に相手といっしょに歌わないこと。

あるいは相手に駆け寄って、「二番は私に任せてください」などと割り込まないこと。まして相手よりも上手だったら、相手は不快感を持つだけです。

「オイ、タカシ、このあと助けてくれや」などと相手が言ったら、そばに行って相手の歌に合わせて口ずさむくらいの謙虚さがほしいところです。自分がその歌の主役になってはいけません。

相手の持ち歌を歌うな

相手が得意としている歌（上手下手は問題外）を、自分は知っていてそれを自分が先に歌えば、その歌しか持ち合わせがない人、それをいつ歌おうかと考えている人は出鼻を挫かれたり腹を立てたりします。

また、相手が歌ったら自分はその歌を断念するようにしたいものです。内心、やられたと思うのか、相手が歌い終わったあと、「それを歌うならここでコブシを回さなきゃ」と得意になって講釈するなど、みっともないことです。

7　手ぶらでいとこ会に臨むな

進行を幹事に丸投げしない

いとこ会のスケジュールを見ると、盛りだくさんの内容。そうかと思うと、それほど華やかではないけれど、なんとなく期待できそうな日程。いずれにしても、出席するなら手ぶらで臨むなということです。

ダンスパーティで男性から「踊っていただけますか」と申し込まれたとき、「あのゥ、私、ダンスはできませんの」と断って、もっぱら仲間が楽しそうに踊っている光景をただ見ている女性を「壁の花」というのだそうですが、いとこ会でみんなの輪にも入らず、周りの人に話しかけることもしないし、話しかけられても迷惑そうに応答する女性（あるいは男性）は、壁の花どころか「部屋のシミ」「座敷のゴミ」と言っていいのではないでしょうか。

いとこ会を嫌がる人を強引に拉致《らち》してきたわけではありません。本人はきちんと会費を払って、自分の意思で出席したのです。もっと打ち解けてもよいのに……。「私って人見知りをするたちだから」が理由になるでしょうか。まんざら初対面ではないのに。自分もいとこ会の活況を担っているのだという自覚で出席してほしいものです。これが手ぶらで参加しないことの基本です。潜在司会者（一七八ページ）になることが無理なら、次に述べることを心がけてください。いとこ会はいとこ全員のものなのです。

いつ頃からか〝丸投げ〟という言葉が使われるようになりました。「餅は餅屋」で、いとこ会もそれを仕切りたい一部の幹事や世話役に任せてしまえと丸投げして、ほかのいとこは手を抜いていると、自立心や連帯感のない虚弱体質のいとこ会になってしまいますぞ。

薩長同盟を結ばない

社員研修のあとの懇親会、親睦旅行会、あるいは新旧上司の歓迎（送別）会をはじめとして、親睦を中心とする会合に比較的に女性に見られる光景ですが、彼女たちだけで、あちらに三人、こちらに四人と固まってしまい、その一団だけで何やらひそひそ話していることがあります。なんとなく薩長同盟を結んだ感じで、全体のムードから違和感を感じます。

ほかの男性が「何を熱心に話し込んでいるんだい?」と座に入ろうとすれば、「いやらしいわね、あっちへ行って」。土佐や会津はお呼びではないらしいのです。

こういう一団は化粧室に行くのもいっしょにその場をはずすので、周囲には不愉快な目立ち方になります。いま飲んだり食べたものが同じだから、排泄感も同時なのでしょうか(失礼!)。

いとこ会でも女性ばかりでなく、特定の男性だけで固まってしまう光景も時々見受けられます。すなわち、会合の最初から最後まで二人、三人と固まってしまい、酒のやり取りも自分たちだけ、一人が歌うと続いてこのグループのメンバーが歌う、さらにまた一人……。これでは、みんなで打ち解けようとする積極的ないとこは内心腹を立てるでしょう。

会話の中に名前を織り込む

街頭、駅、車中、ホテルのロビー、デパート、おでん屋などで、私たちは友人とバッタリ出会って名前を呼ばれると、数年間会わなかった人でも、昨日会ったような感じがするものです。

「おい、安井じゃないか?!」

自分の名前や名字（苗字）は、幼少年の時代から周囲に呼ばれ続けています。だから、まったく久しぶりに会った場合でも、親しく笑顔で呼ばれると数年、数十年の空白がなくなってしまうのです。

そこでいとこ会でも、一別以来のぎごちない出会いの照れくささを一挙に解消するには、まず相手の名前を親しく呼びかけることです（七一ページ）。呼びかけるばかりでなく、あいさつや会話の中にも入れたらよいでしょう。

「こんにちは」でなく、「まあ、ススムさん、こんにちわ」「きょうは姉さんの話をきくのが楽しみだな」と。一部のクライ若者のように、相手を見れば「おたく」だの、「そっち」では相手は不愉快になります。

会話が途切れたら失敗談を出してみよう

以前、銀座のあるクラブに若いホステスがいました。明るく素直なタイプでしたが、客のオーダーを間違えて飲み物をテーブルに運ぶことがあります。客が怒ると彼女は平身低頭して詫びます。「申し訳ありません。ダメね、私って。いつも間違っちゃって」。客の話も熱心に聞きます。「いいお話ね。でも難しそう。私みたいなバカな者には分からないわ。もっとやさしく教えてね」

こんな調子なので客の評判はよく、彼女は客から指名されることが多くなりました。しかし、客は二、三回は指名しますが、次第に彼女を敬遠しはじめました。理由は「私ってダメね」「私ってバカね」と言う彼女が本物のバカだったことに気づいたからです。

さて、話が詰まったり途切れたら、バカなこと、すなわち失敗談を提供してみるのも、場のムードを盛り上げる一助になります。

「ねえ、お兄さん、先日こんなことがあったのよ。我ながらあきれ返ってしまったわ。どう思います?」

「最近、この歳でバカなことをしたなぁと恥ずかしくなるんだ。若いキミたち、どう思う？　というのはこんなことなんだ」

現在では『失敗学の研究』という書籍も刊行されている時代です。失敗は財産なのです。だから失敗談を話したからといって人間性が低下するものではありません。かえってその人の別の一面がわかって、ほほえましさを感じるものです。相手に固苦しさを感じさせないため、相手の口をほぐすというメリットもあります。

率先して拍手したり声を出す

幹事や世話役の開会あいさつ、有志の飛び入りあいさつ、あるいは乾杯でみんなが飲み干したコップや盃をテーブルに置いたときなど、いの一番に大きな拍手をするのも、手を打ち鳴らしているのですから手ぶらとはいえませんね。あなたの拍手に釣られてすぐそばにいる人が拍手する。続いてその周りの人が拍手。もうこれだけであなたは進行に協力していることになるのです。

あるいは、声を出すのも必要です。幹事の本日のスケジュールの説明、誰かのカラオケが終わったとき、雑談に花が咲いたときなど、同調、納得、疑問を遠慮なくぶつけましょう。決してあなたの声は不協和音にはなりません。かえって座に彩りをかもし出します。

「すみません。もう一度、閉会後の第二部の予定を言ってください」（幹事のスケジュールの発表に）

「うまいね、いいノドをしているじゃないか」（仲間の一人のカラオケが終わって、彼が多少照れくさそうに自席に戻って行くとき）

「そうね、ミチヨさんの言ったこと、たしかにあるわね」（雑談に花が咲いている途中で）

声を出すことで緊張感や引っ込み思案を解消することは、他人との接触であなたは何回となく経験済みのはずです。自分ばかりでなく周囲をも明るいムードに巻き込みます。

8 人生は「出会い」の連続

いとこ会でステキな出会いを

私たちは生まれて最初に両親に出会い、次に兄弟姉妹に出会い、その後成長するにつれて多くの人びとに出会い、いろいろなことを体験して今日に至りました。また、これからも死期を迎えるまでさまざまな人に出会うでしょう。

両親・家族・親戚・友人・恋人・恩師・上司・同僚・取引先の人・部下・隣人・趣味の仲間・ボランティア活動で知り合った人……。これらの人との出会いが自分に与えた影響は、意識せずとも計り知れないほどです。これらの人に出会ったことによって、私たちは思想・信仰・知識・技術・芸術・趣味・スポーツ……にも出会いました。

さらに学校・職場・自然・書物・視聴覚メディア（テレビ・ラジオ・インターネットなど）でも数え切れない出会いがありました。

結局、私たちの関わったことのすべては出会いであり、出会いによって影響や感化を与えられたから今日のあなたや私があるのです。出会いがあなたや私に多くのものを与えてくれたのですが、逆にいえばあなたも私も出会いによって周囲の人に大きな、価値のあるものを与えているのです。

いとことの出会いは、数多くの人は幼少時代に始まったと思われます。なかには、両親から聞いていたが互いに成人になって初めて会ったという出会いもあるでしょう。

いずれにしても、いとことの関係は両親の片方が兄弟姉妹同士という血縁関係にあるのですから、赤の他人同士ではありません。しかも、これからもいとことの出会いは、日常互いに近所に住んでいたり、仕事上の関係があるなら別ですが、通常はあまり頻繁な行き来はないものと思われます。

ということは、いとこ同士はいとこ会が唯一の出会いの場とはいいませんが、いとこ全員が集ういとこ会は数年に一回と想像されます。この機会を逃す手はありません。互いに腹蔵なく語り合い、楽しみ合う大きな出会いの場所になります。そのいとこ会で演出される内容がどんなものであれ、万障繰り合わせて参加して、いとこ同士でなければ味わえないムードを醸し出したいものです。

いとこ会で相互の認識を改めた

小川信夫さん（仮名、以下同、四十代後半、印刷会社）は仕事柄、得意先の要請で土・日も出勤せざるを得ない日常でした。ですが、今回の第三回いとこ会開催で初めて参加できました。

指定された会場に行って、そこに先着していた二十二、三歳の美女を見て驚いたのなんのって……。

「あれッ、小川さん、どうしてここに？」

「あら、小川さん、あんたは？」

彼女は彼の会社の得意先の一つ、ある大手広告代理店の受付の仕事をしている島田幸子さん。いとこの島田良弘さん（五十代前半、自営業）の娘さんでした。きょうは良弘氏は同業者たちとの慰安旅行でどうしても欠席せざるを得ないので、奥さんと彼女が代理で参加した次第。彼女もいとこ会は初参加。二人とも互いにいとこ小父、いとこ半（二四〜二五ページ）になるとは全然思っていなかったのですから、仰天したのも無理はありません。

正直いって小川さんは彼女にあまり良い印象を持っていませんでした。というのは、受付で自分が用件を伝えて待っているときに、彼女は次々に訪問する客をテキパキさばいてはいましたが、どこか冷たい応対ぶりで事務的に仕事をこなしているといった様子に見えたからです。

ところがどうでしょうか、彼女のきょうの笑顔の美しいこと。思わず「あんたも笑える人なんだね！」と口にしたくなったそうですが。一別以来のご無沙汰のあいさつを小川さんはいとこたちと交わしながら、彼女ともおしゃべりを楽しんでいるうちに、彼は彼女に抱いていたイメージが次第に変わっていったそうです。受付での数分間の対応で人格を判断するものではない、と反省までするようになりました。それは彼女も同様だったに違いありません。

「私、会社で小川さんが見えると、緊張してしまうんです。だって、いつも私のアラを探していらっしゃるように見えたので。でも、本当はとても陽性で温かい人なんですね。きょうの皆さんへの態度でわかりました」

「なんだかアンタに面接されているようだなぁ」

「そんな……」

参加してよかったと彼はのちほど私に語ってくれたところによると、彼女の会社には通常のビジネスで訪問する人ばかりでなく、強引なセールス、目的の社員を指定しながら自分は名乗らない人、受付を通り越して黙って奥へ入ろうとする人、なかには受付で名指し人が現われるまで彼女に「名前教えて!」「携帯の番号教えてくれよ」「きょう、どう? ランチでも」「今度デートしてくれない?」と、非常識なことを平気で口にして憚らない人、顔に傷のある怖いお兄さんなど。つい彼女は自己護身のために事務的に応対するとか。

「いやぁ、いい機会をいとこ会で得ました。まさか彼女がヨシさんの娘さんだったとは。きょう参加していなかったら、彼女も私もお互いによくない印象を持ちながら顔を合わせていたでしょうねえ。世間は広いようで狭いとはよく言ったものです。今度、ヨシさんの家族と私の家族がいっしょに食事するように決めましたよ」

と、彼は満足そうに笑うのでした。きっと今度から彼が彼女の会社に行けば、お互いに従来と違った対応になるでしょう。

第5章　渡辺家系いとこ会プロフィール

1　私たちのいとこ会はこんないきさつで生まれた

まず私たち「渡辺家系いとこ会」の構成から申し上げましょう。メンバーは男性十名、女性十三名、計二十三名です。

年代構成は七十歳代が男性四名、女性三名、計七名。六十歳代が男性三名、女性六名、計九名。五十歳代が男性三名、女性四名、計七名です。

現在の住まいは埼玉県が十六名、神奈川県が四名、東京都・千葉県・長野県が各一名ずつです。

職業は元・前・現職・嫁ぎ先を含めて言うと（順序不同）、次のようにバラエティに富んでいます。

公社職員・公務員・団体職員・看護師・学校職員・経営コンサルタント・建築設計・ホテル・出版社・造園・弁護士・農業・ＪＡ・電機商・民間企業等

いとこの親は計六名で、男性一名、女性五名の女系家族です。いとこ会もこの流れを汲んだのか、母方のいとこ会として結成されました。各いとこは子どものころ、あるいは結婚する以前はお互いに近い場所に住んでいた（もちろん親同士も互いに近い距離にいた）という状況にあったことが無視できないでしょう。

では、どういういきさつでいとこ会が生まれたのでしょうか。

平成六年十一月、親同士の中で三女の桐原おばの葬儀に端を発します。［いとこによっては、それぞれ伯母や叔母に当たるので、本章では「おば」と表記します。他のおじ・おばにも適用します］。葬儀に上京した各親と子どもたち（いとこ）は、帰途の列車の中で寂漠感と疲労で口数も少なくなっていました。

と、この重い空気を破るように、いとこの一人敏男（敬称略、以下同）が遠慮がちに口を切りました。

「ちょっといいかな。以前からいとこの竜一君と話し合っていたんだが、いい機会というと口が過ぎるかもしれないが、私たちいとこは二十人以上ですよね。互いに個人的には適当に連絡し合って、消息はわかっていても、考えてみると一堂に集まる機会は一度もなかったでしょう。なかには、何十年も会っていない人が多いのじゃないか、と言えますよね」

「それで、何を言いたいんだね」

と、渡辺おじ。すぐ竜一が口を切りました。

「そのあとはオレが言うよ。それでですね、いとこ会というのをつくって、普段なかなか会えないいとこたちと堂々と会う機会をつくったらどうか、ということなんです」

後を引き受けるように、敏男が口を開きます。

「いとこ会といっても、いとこたちだけの集まりじゃないよ。おじさん、おばさんが入ってくれなきゃ意味はないんです」

「で、私たちは何をするの？」

と、ちょっと心配気味な松山おば。

「別に何もしなくていいんですよ。元気な顔を見せてくれるだけで、感謝感激です。いとこの中にはもう自分の母親を亡くしている人もいるでしょう。今日の純ちゃんのように。いとこたちは、いとこ会で母親の兄弟姉妹のおじさん、おばさんの元気な顔を見て嬉しく思うよ、きっと」

先ほどから黙って聞いていた梅宮おばも話に入ってきました。

「そのいとこ会というのはお酒を飲んで食事して話をするだけ？」

「いや、いろいろアイデアを出して、全員で一日を目いっぱい楽しもうというわけ。

だからカラオケもやりたいし、ぼくらが子どものときに、オバアチャンの手料理で食べた郷土料理もあらためて味わいたいし……。要するに一日いとこたちが健康で元気な姿でおじさん、おばさんとともに過ごそうという企画なんです」

「だけど、忙しくて来られないなんて人がいたらどうするの？」

するると、今まで黙って聞いていたほかのいとこが口を挟みます。

「おばさん、それは心配ないって！　ウチのいとこたちはオレも含めて飛び切り偉い人じゃないいんだから。来られないほど忙しい人はいませんよ。こういうことをやるぞと言えば、母親たちの実家に来たくてしょうがない人ばかりだから、待ってましたと飛んで来ますよ」

周りの乗客が振り返るほどの爆笑が沸きました。

「で、いつやるの？」

「それは日取りとか、何をするかを、もう少しほかのいとこにも幹事になってもらってから決めますよ。で、今の話は原則的に了解してもらえましたか」

「いいねえ、いとこ会か。ま、みんなで楽しくできるのはいいことだ。自分としてはみんながいつまでも元気な甥や姪であってほしいからね」と渡辺おじ。

「そのとき、おばさんの踊りも見せちゃおうか」と、二十数年来の日本舞踊の研鑽を積んだ梅宮おばが目を輝かします。

「早くその日が来るといいね」と、ほほえむ松山おば。

――と、こんないきさつで、私たちのいとこ会は発足の足固めをしたのです。

2　時間も忘れた第一回会合

趣旨――童心に還り、遠い日々を懐かしむ

【日　時】　平成七年三月二十六日（日）　一二・〇〇～一〇・三〇

【会　場】　和風レストラン春日《かすが》（第一会場）

渡辺竜一氏邸（第二会場）

【出席者】　・おじ夫婦・おば二名　　計　四名

・いとこ　　　　　　　　計二十一名

総計二十五名

手づくりの案内状（趣意書）

今はどんな案内状でもパソコンやワープロで作成されたものがほとんどです。年賀状も暑中見舞いも。ところが、デジタル時代に逆行するかのように、手書きのものをコピーしたアナログの案内状が各いとこに届きました。それがかえって新鮮で懐かしさを訴えかけていたのです。以後、ずっと手書きの案内状が届きました。第一回の案内状は次の通りです。

拝啓　厳しい寒さの続く毎日ですが皆様がたにおかれましては益々御健勝の事とお慶び申し上げます。

さて、この度お手紙させていただいたのは、かねてより要望のありました「いとこ会」の御案内です。私達いとこ同士も知らず知らずの内に年齢を重ね、最高齢は六〇歳台、最年少でも四〇歳台とチョッピリですが高齢化が進んでおります。

その為か最近ではたまに仏事・法事等の不祝の場所でしかお目にかかることが出来なくなってしまいました。

特に昨年はいとこ仲間である英男さんを病のため亡くすという大変悲しい出来事がありました。そういう場所でお目にかかる度に「今度は是非おめでたい集まりでお逢いしたいね」というあいさつが合言葉のようになってしまいました。

これも時の流れとは言いつつも、年齢を重ねたゆえと痛切に感じる今日この頃でございます。そこである人によっては「何十年ぶりの再会も…」という、いとこ会（二十三名）を盛大に開きたいと思い御案内させていただきました。

皆様御多忙の毎日、それに御遠方の方もいらっしゃると存じますが、何卒万障お繰合わせの上御出席くださいますよう宜しくお願い申し上げます。尚、開催場所ですが、勝手ながらわが家近辺とさせていただきましたので、ご理解の程宜しくお願いいたします。

敬具

平成7年1月吉日
発起人　渡辺竜一

（追伸）　同時に益々お元気な梅宮様、渡辺様ご夫妻、松山様のおじ・おば様方を御招待する予定です。また御家族の同伴も歓迎いたします。

※日時　平成7年3月26日（日）
※会場　和風レストラン春日《かすが》
※集合時間　AM11時45分（12時開始予定）
※会費　一万円

お手数ですが同封の葉書に出欠の程を2月2日までにご返送いただけますようお願いいたします（御家族同伴の場合は人数をお書入れ下さい）。

スケジュールと点描

【第一部】近況報告（三分間スピーチ）

発起人梅宮敏男、渡辺竜一の開会あいさつとスケジュール説明のあと、絶えて久しく会わなかったので、開会後に全員の簡単な近況報告から始めることにしました。

スピーチの順番はおじ・おば・いとこを問わず、くじ引きでそれぞれ所感を語ります。内容は最近の健康状況、不況下での身近な出来事、今日を待ちかねていたこと、自分の夢など、各人各様のスピーチで、そのたびに拍手が沸きました。座席も上座下座の区別なく、こちらもくじ引きでの着席です。

近況報告の後は祝宴です。座は次第に賑やかになり、あちらこちらに席を移動して、差しつ差されつしながら歓談する姿が目立ちます。時折、突拍子もない大声が聞こえたりして、みんな次第にノッてきました。

【第二部】歌の触れ合いコーナー（カラオケ）

ここぞとばかり自慢の持ち歌あり、デュエットあり、興に乗ってのダンスあり、「あれッ、この人がこんな歌を！」という意外性ありで、懐メロから最近のヒットソングまでが繰り出され、時間の経つのも忘れるほどでした。

梅宮おばの日本舞踊の披露では、初めて拝見した人も多く目の保養になりました。

【第三部】ゲームコーナー（ビンゴゲーム）

大の大人が「ビンゴ！」と叫んだり、「ア、違ったッ、すみません」と詫びたり、すっかり童心に戻ったようです。

おじ・おばから多額の寄付があり、実用的な豪華賞品（?）が用意できました。

【第四部】回顧談義（母の実家に席を移して）

十六時前後に、ひとまず料亭での祝宴に幕を閉じて、全員で第二部の会場へ移りました。二次会というよりも、むしろ本日の「後編」の開始です。

おじ夫婦、竜一の細君の心づくしの宴席で、またまた話は弾みました。我らの愛するオバアチャンのエピソード、それぞれの母たちの想い出、昔と今の実家の近辺の移り変わりなどが語られます。そのたびに、

「へえ、そんなことがあったなんて……」

「ほんとかね?」

「そうなんだよな」

「子どものころを思い出すなあ」

次々に相づちや合いの手が入り、話が盛り上がってきます。それがさらに次の話の導火線になります。フッと気づいたら時計ははや二十時を回っていました。

後記

思い返せば二十数名のいとこ同士が世代を超えて一堂に集まったのは、生まれて初めての画期的な出来事でした。思わず童心にかえり、遠い日々を懐かしみながら、昔話に花を咲かせ、歌や踊り、ゲームに興じた忘れがたい一日になりました。

なごりは尽きないのですが、おじ・おばの弥栄《いやさか》と、各いとこの繁栄と健康を祈ってお開きにしました。第一回いとこ会として、ホーム・カミング・デイ（home coming day）は見事に成功しました。

３　バラエティに富んだ第二回会合

趣旨――自然の中で触れ合い、みんなの手づくりで

【日　時】平成十二年十月二十九日（日）　一一：〇〇～二〇：〇〇

【会　場】渡辺竜一氏邸（屋外特設会場）

【出席者】・おじ夫婦・おば二名　計　四名

・いとこ　計二十三名

・いとこ家族　計　五名

総計三十二名

案内状

拝啓　九月にもかかわらず記録的な残暑が続く毎日ですが、皆様におかれましては益々ご健勝のことと拝察いたします。

さて、平成七年三月、皆様方が久々の再開を喜び合い、思わず童心にかえり、遠い日々を懐かしみながら楽しいひと時を過ごした、記念すべき第一回の「いとこ会」から早や五年半が経ちました。

改めて時の流れの早さを痛感する今日この頃でございます。

思い返せば二十数名のいとこ同士が世代を超えてひとつになり、昔の話に花を咲かせ歌やゲームに興じた一日は、皆様にとりましても忘れ難い一日ではなかったでしょうか。

そこで二十世紀締めくくりの年、二〇〇〇年のミレニアムに第二回の「いとこ会」を盛大に催したくご案内いたします。

ご遠方且つご多忙の折とは存じますが、万障お繰り合わせの上ご出席賜わりますようお願い申しあげます。

敬具

記

日時　平成十二年十月二十九日（日）
会場　渡辺竜一氏邸（屋外特設会場）
開始　午前十一時
会費　五〇〇〇円

尚、準備の都合上、九月三十日までに同封の葉書にて出欠のご連絡をお願いいたします。

追伸
今回は皆様の親の実家の庭や田んぼで、バーベキュー・手打ちそばの実演・カラオケ・ゲーム等、手づくりの会を予定いたしております。
どうぞ普段着で、またご遠慮なくご夫婦ご家族お揃いでお出かけください。

平成十二年九月一日

幹事　桜田文雄
渡辺竜一
梅宮敏男

久々の交歓風景

この日、朝から今にも降りそうな寒々とした空模様でした。時々、雨がちらつきます。しかし、いとこ会の面々は雨もまた趣向の一つと気にもとめません。庭の納屋前の特設会場にはすでに戸板のテーブル、りんご箱・ビール箱の椅子が並べられ、互いに好きな場所に陣取って話が弾みます。

いとこ全員が出席でした。

さあ、そろそろいくつかのバーベキューのテーブルの支度が整いました。食材を運ぶ者、焼き方を引き受ける者、それを小皿に取り分ける者、配る者、もっぱら食べる者、ビール・日本酒の差しつ差されつで、また一段と賑やかになってきました。バーベキュー・パーティがクライマックスに達するころ、待望のそば打ちの実演です。

いとこの文雄が余技に始めたそば打ちの試食会です。玄人はだしともいうべき腕の冴えに、美味しい新そばが各人の胃の腑に次々と吸収されます。

「うまい！」

「バーベキューとそば、いい取り合わせだね、いくらでも食べられるよ」

「生きていてよかった！」

爆笑が飛び交う五年ぶりのいとこ同士の交歓風景に、空模様はヤキモチを焼いたのか冷たい驟雨です。

「さあ、そろそろ座敷のほうに移ろう」

みんなで手分けして、落花狼藉となった庭先の特設会場を整理して、座敷の歓談とカラオケ・パーティに移ります。

第一回を凌ぐ盛宴、いとこ全員出席

十五時過ぎに座敷で再び盛宴。実家の皆さんの心づくしの奉仕とご馳走の数々……。改めてまず幹事の敏男のあいさつ。おじ・おばを代表して渡辺おじのあいさつ。そのあと各人の本日の感想やらその後の想い出などが語られ、再び祝宴に入りました。いとこ同士だから打ち解けるのも早く、盃やコップ片手に談論風発やら爆笑が続いたころ、ゲーム（ビンゴ）の開始。

不況の折とあって、会費は前回の半額でしたが、賞品は幹事のアイデア満載のユーモラスな実用品。当たった人の中には、もらった賞品を見て涙を流して笑い転げる人も出てきました。

二時間以上経ったでしょうか、いよいよカラオケの開始です。今回はいとこの一人映子の夫君がカラオケセット持参で一緒に駆けつけてくれました。氏は私たちが勝手に騒いでいる最中にも、機器のセット、歌詞カードの準備、マイクテストなど、黙々と縁の下の力持ちを務めてくれたので、いざ、次々にみんなが歌い出してもスムーズに進行できました。まるで都内一流のカラオケ・ルームをオーダーしたような豪華版でした。

「いやア、今日は思いきり歌ったよ」

「ほんと、まったく贅沢なカラオケだったな」

「○○ちゃん、いつその歌を覚えたの？」

それぞれ感想を漏らします。

歌い疲れても話に疲れることはないのが、このいとこ会の特徴で、またワイガヤ（ワイワイガヤガヤ）が始まりました。そのうち誰かがふっと時計を見れば、すでに二十時を回っています。

「アレッ、八時過ぎているぜ。もうこんな時間か？　この家の時計おかしいよ」

「では、お名残り惜しいようですが、次の第三回を楽しみにそろそろお開きにしたいと思います」

閉会のあいさつをする幹事がもっと続行したそうな顔つきです。おじ・おばも嬉しそうです。とくに前回に比べて車椅子生活を余儀なくされた梅宮おばが、疲れているのに甥や姪と楽しく一日を過ごしてくださったことに一同感謝です。

後記

第一回から数えて五年七カ月の空白がありました。しかも、この日は天候不順とあって、幹事たちは内心、出・欠席を気にしていましたが、いざ始まってみると、いとこ全員の出席です。それにそれぞれの家族の参加もありました。

ひと口に五年七カ月とはいうものの、二千日以上の物理的・心理的空白があったのです。にもかかわらず、互いに顔を合わせた瞬間、その時間差や距離感覚は一挙に消し飛んでしまいました。

しかも、今回は最初からそれぞれの母親が子ども時代に過ごした実家が会場です。盛り上がらないはずはありません。

それにしても「そば好きに別腸あり」と言いますが、バーベキューやそば、あるいは座敷の酒宴も含めて、みんなよく飲みよく食べました。この調子では第三回はどうなることでしょうか。きっと幹事は嬉しい悲鳴をあげるに違いありません。

4　あんびん餅でみんなの安穏を祝う第三回会合

趣旨——自然の中でアンチークとモダンを融合させる

日時　平成十六年十月三十一日（日）十一・〇〇～

（注）本書発行の折には第三回会合はまだ開催されていませんので、開催案内のみを掲げます。

案内状

拝啓　旧盆が過ぎたとはいえ厳しい残暑の毎日ですが、皆様方におかれましては益々ご健勝の段お慶び申し上げます。

さて平成七年三月、時間の経過も忘れる程に童心に還って語り合い、昔を懐かしんだ第一回の会合から早や十年の時が経とうとしております。まさに「光陰矢のごとし」そのものの感がございます。それから五年の間を空けて開いた第二回では、遠路ご多忙にもかかわらず二十三名全員の皆様が出席というこの上ない盛会となりました。

加えてこの十年間私達個々の健康には大きな問題がなく、日々ご活躍の事が何よりではないでしょうか。しかしながら、まさに私達の象徴的な存在であったすえ・たえの両おば様を昨年相次いで失った悲しみは、言葉にならない程の耐えがたい辛い出来事でした。

そうした中で十年という節目を迎える今年の秋、第三回目の会合を益々お元気な渡辺おじ様、松山おば様をお招きして盛大に催したくご案内いたします。

ご多忙の日々とは存じますが万障お繰合せの上ご出席賜わりますようお願い申し上げます。今回も皆様の手をお借りして屋内外での趣向を凝らした「手づくりの会」を予定いたしております。どうぞお楽しみに……

敬具

日時　平成16年10月31日（日）AM11時より
会場　渡辺竜一邸
集合　10時45分（時間厳守）
会費　四千円（当日徴収いたします）
尚準備の都合上、同封のはがきに出欠をご記入の上、9月30日までにご返信下さい。
平成16年8月18日
追伸　懐かしい写真等がございましたら当日ご持参下さい。

幹事　桜田文雄
渡辺竜一
梅宮敏男

付記――あんびん餅とは？　ほか

第三回会合のメインである「会員の手を借りての手づくりの会」とは何か。幹事の一人にソッと聞いたところでは、一つは庭で時代物の臼と杵を使って皆で餅を搗《つ》き上げるということです。餅を搗くといっても鏡餅（御供え）やノシ餅にしようというのではありません。郷土の「あんびん餅」をみんなでつくろうというプランです。

☆「あんびん餅」考

あんびん餅とは、農民が田植え前と取り入れ前の年二回搗く無病息災を願う郷土餅のことです。

漢字では「安平餅」あるいは「餡餅餅」と書きます。とくに後者は「餅（びん）」と「餅（もち）」が重言になっているのが特徴的です。重言とは同じ意味の語を重ねた言い方です。それだけ当時の農民は餅に対する儀式にこだわったのでしょう。「豌豆豆《えんどうまめ》」も重言です。

あんびん餅の発祥地は埼玉県羽生と言われますが、千葉県安房地方、秋田県北秋田地方にもこの餅があります。いずれも部落でみんなが小豆《あずき》を持ち寄って、共同で搗いた「あんこ餅」ですが、かつてはこの餅の直径は一個あたり一〇センチ～一五センチもありました。その中に、甘くなく、やや塩味の餡を多めに包み込みます。いとこ会ではこれをみんなで搗きあげて、出来立てを賞味しようという寸法です。

現在、この餅をデパチカ（デパートの地下食品売り場）や街の餅菓子店で売っているのをあまり見かけたことはありません。私の住まいの商店街の店でときどき見かけますが、五センチくらいの小さなもので、全然郷愁をそそられません。

☆懐かしい写真等

もう一つのメインは、持ち寄った写真、たとえば昔懐かしい子ども時代の写真、チョッピリ気恥ずかしい青春時代の写真、それぞれの両親の健康で働いている写真……。どれくらい集まるでしょうか。

これを「幻灯機」にかけて、みんなでワイワイ言いながら昔の在りし日々を満喫しようという趣向です。

もちろん、この日のスケジュールの中には恒例になったカラオケもビンゴもあります。盛り上がる材料には事欠かない内容です。

「いとこ会」やってますか?

執筆者紹介

坂川山輝夫（さかがわ・さきお）

1927年東京生まれ。中央大学法学部卒。業界紙記者・国家公務員を経て、68年に現代コミュニケーションセンターを設立。全国の企業・官公庁・団体等で階層別研修や一般講演を実施。聴衆を絶対眠らせないと定評がある。

1973年から2002年までの30年間、毎年の新入社員のニックネームを描き出してマスコミや各企業の教育担当者を沸かせてきた。

著書に『話し方ユーモア教室』(太陽出版)、『一年で一流社員になる』(ダイヤモンド社)、『いやなヤツとつきあう法』(生産性出版)、『聞き上手が成功する』(成美堂出版)など161冊がある。

2004年10月31日　第1刷

[編者]
渡辺家系いとこ会

[執筆者]
坂川山輝夫

[発行者]
籠宮良治

[発行所]
太陽出版

東京都文京区本郷4-1-14　〒113-0033
TEL 03(3814)0471　FAX 03(3814)2366
taiyoshuppan@par.odn.ne.jp

装幀=瀬知岳彦
[印字]ガレージ [印刷]壮光舎印刷 [製本]井上製本
ISBN4-88469-387-6